KB241720

인도네시아어 알파벳

대문자	소문자	발 음	한글발음
A	a	[a]	아
B	b	[be]	베
C	c	[ce]	쩨
D	d	[de]	데
E	e	[e]	에
F	f	[ɛf]	에프
G	g	[ge]	게
H	h	[ha]	하
I	i	[i]	이
J	j	[je]	제
K	k	[ka]	까
L	l	[ɛl]	엘
M	m	[ɛm]	엠

대문자	소문자	발 음	한글발음
N	n	[ɛn]	엔
O	o	[o]	오
P	p	[pe]	페
Q	q	[ki]	키
R	r	[ɛr]	에르
S	s	[ɛs]	에스
T	t	[te]	떼
U	u	[u]	우
V	v	[ve]	웨
W	w	[we]	웨
X	x	[eks]	엑스
Y	y	[ye]	예
Z	z	[jet]	젵

한 번만 봐도 기억에 남는
테마별
회화
인도네시아 단어
2300

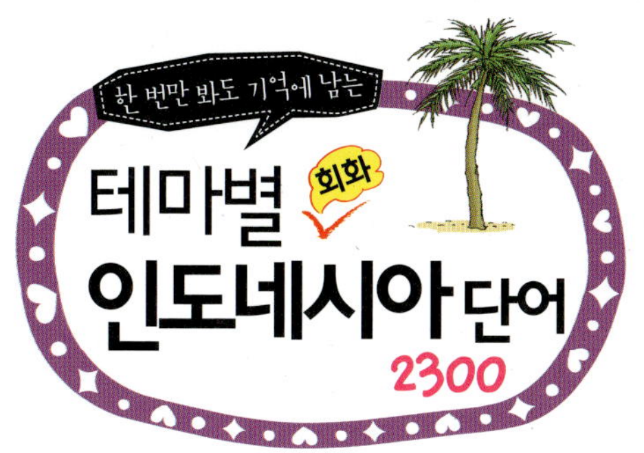
한 번만 봐도 기억에 남는
테마별 회화
인도네시아 단어
2300

임영호 엮음

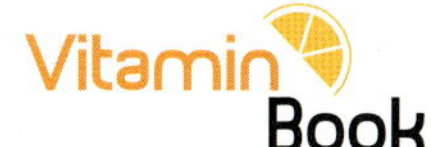
Vitamin
Book

머리말

우리나라와 인도네시아는 88 올림픽 이후 산업교류가 시작되면서 현재는 아세안 교역권 내에서 가장 활발한 경제교류를 이루고 있으며, 이미 정치 · 경제 · 사회 분야에서 상호 불가분의 관계를 이루고 있습니다. 이에 따라 인도네시아어를 배우려는 수요자도 상당히 늘어나고 있습니다.

인도네시아에서는 지식층 일부를 제외한 대부분의 현지인들은 그들의 모국어인 인도네시아어가 아니면 의사소통이 원만하게 이루어지지 않는 반면 인도네시아어 필수 단어를 조금만 알아도 간단한 의사소통이 될 수 있다는 것을 현지에 다녀온 분들이라면 누구나 느낄 것입니다.

인도네시아어는 문법상의 성, 수, 격, 시제 등이 존재하지 않고, 한 철자가 한 음을 갖도록 구성되어 있어 표기된 철자를 발음기호로 여기고 읽으면 되며, 듣기에 있어서도 그리 어려움을 느끼지 않는 언어입니다. 따라서 어느 정도의 기본 어휘만 알고 있으면 단어 나열만으로도 정확한 문법 표현은 아닐지라도 간단한 의사소통이 가능한 언어입니다.
또한 기본 어휘를 통해 문법구조 및 접사(접두사 및 접미사)의 형태 및 의미를 익힌다면 상당한 어휘 능력을 발휘할 수 있는 언어입니다.

책 한 권으로 그 나라의 언어를 모두 이해하고 유창하게 구사할 수는 없지만, 이 책은 최소한의 의사소통을 위한 첫 단계로 기본 단어들을 그림을 통해 각인될 수 있도록 구성하였습니다. 또한 눈으로 보고 자동적으로 읽을 수 있도록 발음을 첨가하였으며, 여러 단어를 읽는 사이 저절로 인도네시아어 철자만 보고도 발음할 수 있도록 될 것입니다.

일단 이미지와 철자가 눈에 들어와야 단어 숙지도 쉽습니다. 더불어 테마별로 관련 단어들을 모아 놓았기에 찾아보기도 용이할 것입니다. 기본 단어와 관련된 간단한 회화와 연습 문제를 수록해 놓았으므로 언제 어디서나 휴대하여 저절로 단어가 숙지되는 효과를 발휘할 것입니다.
끝으로, 간단하지만 쉽게 인도네시아에 접근할 수 있는 책으로 독자들에게 많은 도움이 되기를 바랍니다.

엮은이

이 책의 특징

이 책은 본문을 9개 테마(Theme)로 나누고, 테마별로 작은 Unit을 두어 다양한 주제별 어휘(전체 어휘 약 2,300개 정도)를 실었다.

★ 그림 단어

재미있게 단어를 외울 수 있도록 그림을 함께 실었고, 인도네시아어에 더욱 쉽게 접근할 수 있도록 인도네시아어 발음과 한글 발음을 표기하였다. 또한 각 단어 아래에는 실생활 회화에서 흔히 사용되는 짧은 문장을 실어, 그 단어가 생생하게 연상 기억될 수 있도록 하였다.

★ 관련 단어

그림 단어와 관련된 테마의 단어를 보충하였고, 또한 동의어를 제시하여 인도네시아어의 어휘를 한층 더 넓힐 수 있게 하였다.

★ 회화와 짧은 문장

테마별 상황에 관련된 짧은 회화나 단어를 이용한 문장을 실어 인도네시아어로 읽고 익힐 수 있게 하였다.

★ 연습문제

Theme가 끝날 때마다 연습문제를 두어, 단어를 익힌 후에는 스스로 테스트해 볼 수 있도록 하였다.

★ 한글과 인도네시아어 색인(Index)

본문에 나온 어휘를 가나다 순서에 따른 한글 색인과 알파벳 순서에 따른 인도네시아어 색인을 실어, 한글과 인도네시아어 어느 쪽으로든 찾아보기 쉽게 배려하였다.

CONTENTS

Theme 4

kota 도시 97

Theme 5

transportasi 교통 139

Theme 6

pekerjaan 업무 167

Theme 7

berbelanja 쇼핑 191

Theme 8

olahraga/hobi 스포츠/취미 219

Theme 9

alam 자연 249

INDEX

인도네시아어의 특징

인도네시아어 음절의 기본 구조

- 모음 : e-nak, e-nam, ma-u
- 모음 + 자음 : un-tuk, un-dang, em-puk
- 자음 + 모음 : sa-ya, ki-ta, bu-ku
- 자음 + 모음 + 자음 : ka-mar, mo-bil
- 자음 + 자음 + 모음, 혹은 자음+자음+자음+모음 등과 같이 한 음절에 자음이 둘 혹은 셋이 연결되어 나오는 경우는 외래어에서 차용된 것임 : swa-la-yan, tra-di-si-o-nal, khu-sus, struk-tur

발음

인도네시아어는 엑센트는 중요하지 않으며 철자 그 자체가 발음기호를 나타낸다.
ㅋ, ㅌ. ㅍ과 같은 격음은 나타나지 않고 ㄲ[k], ㄸ[t], ㅃ[p], ㅉ[c]과 같은 경음만 존재한다.

1) 모음의 발음

a: 우리말의 [아]로 발음된다.
ma-kan[마 –깐], pa-da[빠–다]

i: 우리말의 [이]로 발음된다.
i-kan[이–깐], i-bu[이–부]

u : 우리말의 [우]로 발음된다.

u-dang[우－당], u-bi[우－비]

o : 우리말의 [오]로 발음된다.

ko-tak[꼬－딱], ro-ti[로－띠]

e : 다음과 같이 세 가지로 발음되므로 단어마다 세심한 신경을 써야 한다.

① 우리말의 [에]로 발음되는 경우

사전에서는 'e' 철자를 'é'로 표시한다.

mé-ja[메－자], mé-mang[메－망]

② 우리말의 [어]로 발음할 경우

대체로 p, b, m, t, k, g와 같은 자음과 함께 사용될 때 발음되며, 인도네시아어의 접두사 형태(ber－, me－ , pe－, ter－ , ke－) 속에 나타날 때

pem-ban-tu[뻠－ 반－ 뚜], per-gi[뻐르－기]

ter-bang[떠르－방], ter-bit[떠르－빗]

③ 그 이외의 철자 d, s, c, j, r, l, n, h와 같은 자음과 함께 사용되거나, 첫 철자가 모음 'e'으로 시작될 때에는 우리말의 [으]로 발음되는 경향이 강하다.

de-kat[드－깟], se-nang[스－낭], ce-pat[쯔－빳]

* 대체로 위와 같이 [어]와 [으] 발음이 구별되지만 실제로 k, g, t와 같은 철자와 결합될 때의 발음은 개개인의 발음 습관이나 방언에 따라 [어]와 [으] 발음이 혼용되기도 한다.

ke-cil[꺼-찔 / 끄-찔], kem-bang[껌-방 / 끔-방]
ge-re-ja[거-레-자 / 그-레-자], ge-muk[거-묵 / 그-묵]
ten-tu[떤-뚜 / 뜬-뚜], ten-tang[떤-땅 / 뜬-땅]

2) 이중모음의 발음

ai : 우리말의 [아이]로 발음되는데, 간혹 [에이]로도 발음된다.
pan-tai[빤-따이], san-tai[산-따이]

au: 우리말의 [아우] 혹은 [오]로 발음된다.
ka-lau[깔-라우 / 깔로], ha-ri-mau[하-리-마우 / 하-리-모]

oi : 우리말의 [오이]로 발음된다.
ko-boi[꼬-보이], am-boi[암-보이]

3) 자음의 발음

b : 우리말의 [ㅂ]으로 발음된다.
ba-ik[바-익], bi-sa[비-사]

p : 우리말의 [ㅃ]으로 발음된다.
po-tong[뽀-똥], pin-tu[삔-뚜]

d: 우리말의 [ㄷ]으로 발음된다.
da-tang[다-땅], pa-da[빠-다]

t : 우리말의 [ㄸ]으로 발음된다.
to-long[똘-롱], ta-di[따-디]

g : 우리말의 [ㄱ]으로 발음된다.

ga-ji [가-지], ga-ru-da [가-루-다]

k : 음절의 서두에 위치할 때는 우리말의 [ㄲ]으로 발음된다.

ka-sih [까-시(히)], ka-pal [까-빨]

마지막 음절에 위치할 때는 거의 묵음이 된다.

ro-kok [로-꼬], ko-tak [꼬-따]

j : 우리말의 [ㅈ]으로 발음된다.

ja-ga [자-가], ju-rang [주-랑], ja-lan [잘-란], ju-ta [주-따], ja-rang [자-랑]

z : 우리말의 [ㅈ]으로 발음된다.(아랍어에서 온 것임)

za-man [자-만], i-ja-zah [이-자-자(하)]

c : 우리말의 [ㅉ]으로 발음된다.

ca-ri [짜-리], cu-ci [쭈-찌]

h : 일반적으로 음절의 처음과 끝에 위치할 때는 흔히 묵음이 되거나 약하게 발음되고, 같은 모음 사이에 올 때는 [ㅎ]으로 정확히 발음되며, 서로 다른 모음 사이에 올 때는 대체로 발음이 되지 않는다.

ha-sil [하-실], ha-bis [하-비스], hu-jan [우- 잔], ta-hu [따-후 / 따우], pa-hit [빠-잇]

l : 우리말의 [ㄹ]로 발음된다. 두 번째 음절 이후의 [l]은 앞 음절과 붙어 중복되어 발음된다.

la-ri [라-리], lu-lus [룰-루스], ma-lam [말-람]

r: 우리의 발음 구조상 매우 힘든 발음으로써 우리말의 [ㄹ떨림음]으로 발음되는데 [l]과는 달리 중복되어 발음되지 않는다. 즉 한 번만 발음하는데 이 때 가능한 한 혀를 굴려서 발음해야 한다.
'r' 철자가 단어 첫머리에 나올 때는 '어' 혹은 '으'를, 맨 끝에 나올 때는 '으'를 덧붙이 듯이 읽으면 된다.

ra-ja[(으)라-자], ri-bu[(으)리-부], rum-put[(어)룸-뿟]
do-rong[(도-롱], ki-ri[끼-리], pa-gar[빠-가르]

m: 우리말의 [ㅁ]으로 발음된다.

mi-num[미-눔], a-man[아-만], min-ta[민-따], ma-lam[말-람], man-di[만-디]

n : 우리말의 [ㄴ]으로 발음된다.

no-na[노-나], na-ma[나-마]

s : 우리말의 [ㅅ]으로 발음된다.

su-su[수-수], ma-sa[마-사]

f : 우리말의 [휘]에 가깝게 발음된다. (외래어에서 온 것임).

fo-to[휘-토], fa-jar[화-자르]

v : 우리말의 [뷔]에 가깝게 발음된다. (외래어에서 온 것임)

vi-ta-min[뷔-따-민], volt[볼트]

w : 우리말의 [와]에 가깝게 발음된다.

wa-rung[와-룽], wa-tak[와-딱]

y : 우리말의 [이]로 발음된다.

yang[양], ya-ya-san[야-야-산]

4) 이중자음의 발음

ng : 우리말의 [응]으로 발음된다.
ma-tang [마-땅], da-tang [다-땅]

ny : 우리말의 [니]로 발음된다.
nya-nyi [냐- 니], nya-muk [냐-묵]

sy : 우리말의 [쉬]로 발음된다. (외래어에서 온 것임)
sya-rat [쉬아-랏], ta-ma-sya [따-마-쉬아]

kh : 우리말의 [크-/흐-]로 발음된다. (아랍어에서 온 것임)
khu-sus [쿠-수스], a-khi-bat [아-키/히-밧]

인도네시아의 대명사 및 호칭

1) 인칭 대명사의 종류

	단수형	복수형
1인칭	saya 나 aku 나	kami 우리 kita 우리
2인칭	Anda 당신 engkau 너 kamu 너	kalian 여러분 Anda sekalian 여러분
3인칭	dia 그 ia 그 beliau 그 분	mereka 그들

saya : '나는', '저는'을 나타내는 1인칭으로, 가장 보편적인 인칭대명사
aku : '나는'을 뜻하며, 친한 친구나 스스럼없는 사이, 보다 젊은 사람에게, 혹은 사회적 지위가 낮은 상대에게 사용
Anda : '당신'을 뜻하며, 동년배의 잘 알지 못하는 상대에게 혹은 공식석상에서 상대방을 지칭할 때
engkau : '당신'이라는 뜻으로, 친하거나, 연하의 사람에게, 혹은 사회적 지위가 낮은 사람에게 사용
kamu : '너'를 뜻하며, 친하거나, 연하의 사람에게, 혹은 사회적 지위가 낮은 사람에게 쓰는 말
dia, ia : '그'라는 뜻으로, 3인칭의 보편적인 대명사
beliau : '그분'이라는 뜻으로, 사회적 지위가 높은 사람에게 사용
kita : 1인칭의 복수 형태로, 말하는 사람과 듣는 사람을 포함했을 때의 우리
예) 한국 사람만이 모인 자리에서의 연설 시
Mari kita bekerja keras! 자, 우리 열심히 일합시다.

kami : 1인칭의 복수 형태로, 듣는 사람이나 그가 속한 그룹을 포함시키지 않을 때의 우리(말하는 사람이나 그 그룹만)를 말한다.
예) 한국인과 인도네시아인이 함께 모여 있을 때 한국인이 연설 시
Kami datang dari Korea. 우리들은 한국에서 왔다.

Kalian : 2인칭 복수 형태로, 연하나 사회적 지위가 낮은 사람에게 사용
Anda sekalian : 2인칭 복수 형태로, 일반적인 공식석상에서 사용
kamu sekalian : kamu에 대한 복수형
mereka : 3인칭의 일반적인 복수 형태

2) 호칭어

인칭대명사 이외에 2인칭에 대한 호칭으로 회화체에서 상대방을 부

를 때 사용한다. 대명사들과 함께 혹은 이름에 붙여 주어로 사용되기도 한다.

Bapak / Pak : 연상이나 사회적 지위가 있는 남자에게 사용. (존칭어)
Ibu / Bu : 연상이거나 사회적 지위가 있는 여자에게 사용. (존칭어)
Nyonya : 결혼한 외국 부인에게 사용
Nona / Non : 미혼 여자를 부를 때, 식당 혹은 가게 여 종업원에게 사용.
Sus : 젊은 여성, 보모, 간호사를 부를 때 사용
Mas : 젊은 부부 사이에 부인이 남편을 부를 때나 서비스업에 종사하는 남자, 혹은 보다 젊거나 비슷한 나이 또래의 남자를 부를 때 사용
Embak : 일반적인 여자를 부를 때(처녀, 아줌마 등의 친근감 표현)
Saudara : 흔히 아랫사람이나 동년배 등을 부를 때 사용
Anak / Nak : 어린이를 부를 때 사용
Om : 우리말의 '아저씨'에 해당되는 말
Tuan : 흔히 인도네시아인이 외국인을 부를 때 사용
Mr. : 요즘은 인도네시아인이 외국인에게 혹은 외국인이 인도네시아인에게 업무상의 통칭 또는 경칭의 표현으로 자주 사용
Paman : 친척 아저씨를 부를 때 사용(삼촌, 외삼촌, 당숙 등)
Bibi : 이모, 숙모 등을 부를 때 사용
Nenek/Nek : 할머니를 부를 때 사용
Kakek/Ke : 할아버지를 부를 때 사용
Kakak/Kak : 언니, 누나 등 손위 여자를 부를 때 사용
Abang/Bang : 가족관계에서는 형, 오빠 등 손위 남자를 부를 때 사용하며 친근한 관계의 손윗사람, 동년배, 혹은 사회적 지위가 낮거나 아랫사람에게도 사용(우리말의 '형씨'와 같은 의미)

* 자카르타 주변의 대도시에서 흔히 들을 수 있는 지방어에서 온 호칭어 : neng 아가씨 (순다어)

3) 인칭대명사의 축약형

인칭대명사에서는 큰 변화가 없지만, 소유격을 나타내는 경우 축약형 단어들을 사용할 수도 있는데 이때는 반드시 수식될 단어 뒤에 붙여 사용해야 한다.

1인칭의 경우 aku에서 온 -ku를 사용

ayah aku → ayahku, kakak aku → kakakku, adik aku → adikku

2인칭의 경우 kamu에서 온 -mu혹은 engkau에서 온 -kau를 사용

ayah kamu → ayahmu, ayah engkau → ayahkau, kakak engkau

3인칭의 경우 dia, ia 대신 -nya를 사용

ayah dia → ayahnya, kakak dia → kakaknya, adik dia → adiknya

인도네시아어의 구구조의 어순

인도네시아어는 문법구조상 성, 수, 격, 시제가 나타나지 않는 언어이며, 기본 문형은 〈주어 + 서술어 + 목적어〉 순이다. 구구조의 어순은 수식어가 후치하여 나타난다.

Saya / membaca / buku yang baik.

나는 / 읽다 / 책 좋은 ☞ 나는 좋은 책을 읽다.

Dia / belajar / bahasa Indonesia.

그는 / 공부하다 / 언어 인도네시아 ☞ 그는 인도네시아어를 공부하다.

구구조 : 인도네시아어 낱말의 수식 관계

1) 우리말과는 반대로 수식하는 단어가 수식될 단어의 뒤에 위치하는데 이때 결합되는 품사들의 위치관계를 살펴보자.

① 명사 + 대명사

adik / 동생 + saya / 나의 ☞ 나의 동생

kakak / 누나 + saya / 나의 ☞ 나의 누나(언니)

② 명사와 명사

nomor / 번호 + telepon / 전화 ☞ 전화번호

tukang / 장사 + sayur / 채소 ☞ 채소 장사

③ 명사와 형용사

rumah / 집 + besar / 큰 ☞ 큰 집

kain / 천 + tipis / 얇은 ☞ 얇은 천

* 명사와 형용사 사이에는 보다 한정적이면서도 강조의 의미를 나타내는 한정사인 yang을 사용하기도 한다.

rumah yang hitam, bolpoin yang hitam, kota yang besar

2) 3단어 이상의 수식관계

① 3단어 이상의 명사와 대명사간의 수식 관계

nomor	telepon	kantor
번호	전화	사무실

☞ 사무실 전화번호

nomor	telepon	kantor	saya
번호	전화	사무실	나의

☞ 내 사무실 전화번호

② 3단어 이상의 명사, 대명사, 형용사, 지시사간 수식 관계

형용사가 들어 있을 때도 뒤에서 앞으로의 순서로 수식 관계가 이루어진다.

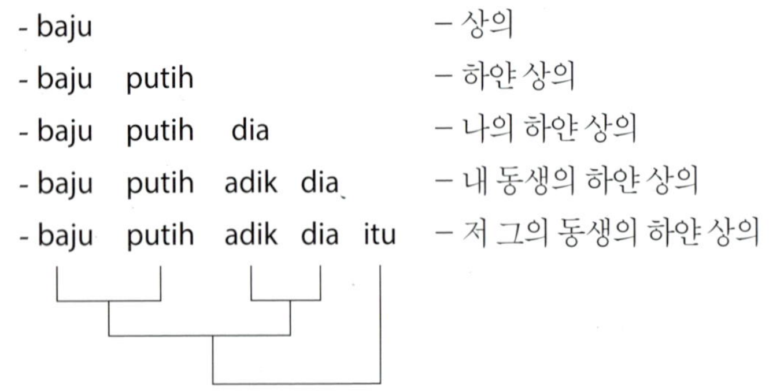

- baju – 상의
- baju putih – 하얀 상의
- baju putih dia – 나의 하얀 상의
- baju putih adik dia – 내 동생의 하얀 상의
- baju putih adik dia itu – 저 그의 동생의 하얀 상의

3) 거의 모든 수식어는 위의 설명대로 뒤에서 수식하지만 수치를 나타내는 수사, 수량을 나타내는 양화사, 사물이나 집합체의 단위를 나타내는 분류사는 수식하는 말 앞에 위치한다.

① 수사

satu + orang ☞ 한 사람
하나 + 사람

dua buah mobil 두 대의 자동차

② 양화사

banyak + pohon ☞ 많은 나무
많은 + 나무

sedikit uang 적은 돈

para hadirin 모든 참석자

semua orang 모든 사람

seluruh karyawan ☞ 전체 직원

③ 분류사

dua buah mobil ☞ 두 대의 자동차
둘 대 자동차

lima orang anak 다섯 명의 아이

satu buah buku 한 권의 책

dua ekor anjing 두 마리의 개

tiga gelas air 세 잔의 물

empat cangkir kopi ☞ 네 잔의 커피

④ 그 외에도 형용사를 강조 혹은 정도를 나타내는 몇몇 부사(sangat, amat, agakterlalu, cukup) 역시 수식하는 형용사 앞에 위치한다.

* 형용사 부분 참조

sangat/amat baik 아주 좋은, terlalu mahal 너무 비싼

agak dingin 좀 추운, cukup panas 웬만큼 뜨거운

THEMATIC INDONESIA WORDS

Theme 1

manusia 마누시아 인간

- Unit 01 tubuh manusia 신체
- Unit 02 keluarga 가족
- Unit 03 kehidupan 인생
- Unit 04 cinta dan kawin 사랑과 결혼
- Unit 05 kehidupan sehari-hari 일상 생활
- Unit 06 fenomena gejala tubuh 생리 현상
- Unit 07 sifat, sikap 성격, 태도
- Unit 08 penampilan luar 외모
- Unit 09 perasaan 감정①
- Unit 10 perasaan 감정②

tubuh manusia 뚜부 마누시아 신체

bagian kepala 바기안 꺼빨라 머리 부분

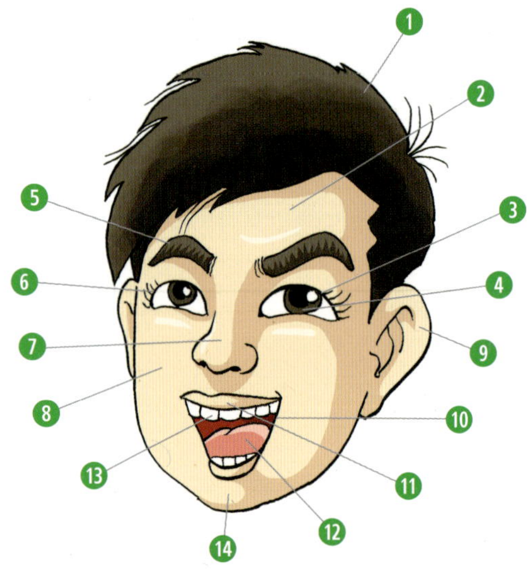

1. rambut 람붓 머리카락
2. dahi 다히 이마
3. mata 마따 눈
4. pupil mata 뿌삘 마따
   anak mata 아낙 마따 눈동자
5. alis 알리스 눈썹
6. bulu mata 불루 마따 속눈썹
7. hidung 히둥 코

8 pipi 삐삐 볼, 뺨

9 telinga 뗄링아 귀

10 mulut 물룯 입

11 bibir 비비르 입술

12 lidah 리다 혀

13 gigi 기기 이, 치아

14 dagu 다구 턱

관련 단어

- lesung pipi 러숭 삐삐 보조개
- tahi lalat 따히 랄랃 점
- kerut 꺼룯 주름
- jerawat 저라왇 여드름
- kumis 꾸미스 콧수염
- wajah 와자
  muka 무까 얼굴

Dialogue

A: Apakah perempuan itu cantik (manis)?
아빠까 뻐럼뿌안 이뚜 짠띡 (마니스)?
그녀는 예뻐요?

B: Ya, dia cantik (manis).
야, 디아 짠띡 (마니스).
네, 그녀는 얼굴이 예뻐요.

rupa depan 루빠 드빤 / penampilan dari depan 빼남삘란 다리 드빤 앞모습

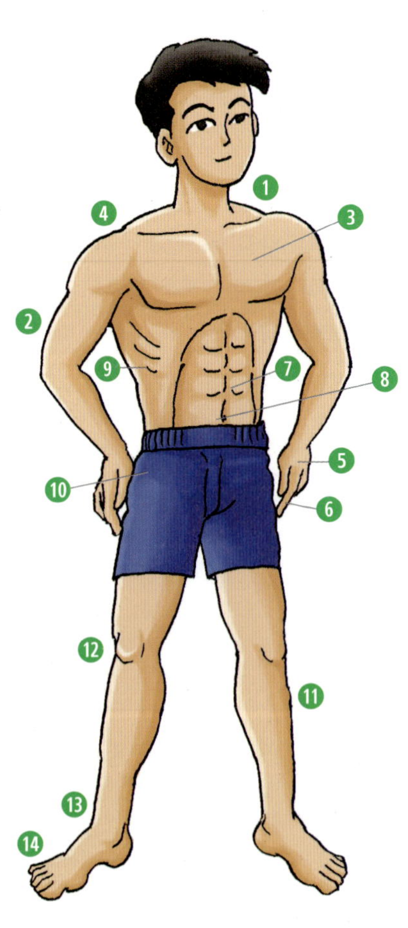

1. leher 레헤르 목
2. lengan 릉안 팔
3. dada 다다 가슴
4. bahu 바후 어깨
5. tangan 땅안 손
6. jari tangan 자리 땅안 손가락
7. perut 뻐룻 배
8. pusar 뿌사르 배꼽
9. tulang rusuk 뚤랑 루숙 / tulang iga 뚤랑 이가 갈비뼈

⑩ tulang pinggul 뚤랑 삥굴 골반

⑪ kaki 까끼 다리

⑫ lutut 루뚣 무릎

⑬ pergelangan kaki 뻐르걸랑안 까끼 발목

⑭ kaki 까끼 발

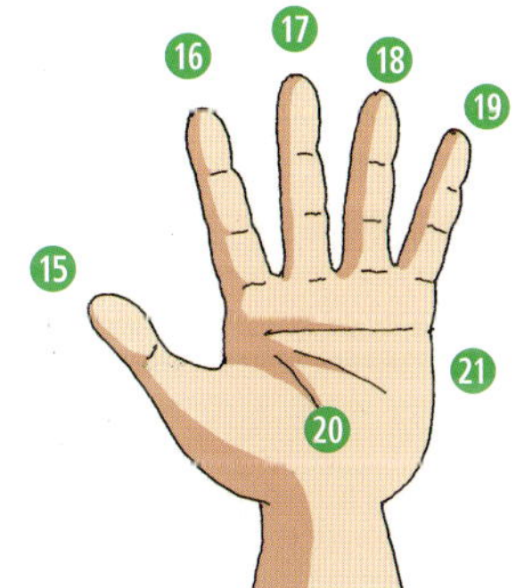

⑮ ibu jari 이브 자리 엄지

⑯ jari telunjuk 자리 떨룬죽 인지, 집게손가락

⑰ jari tengah 자리 뜽아 중지, 가운뎃손가락

⑱ jari manis 자리 마니스 약지, 넷째 손가락

⑲ jari kelingking 자리 껄링낑 소지, 새끼손가락

⑳ telapak tangan 딸라빡 땅안 손바닥

㉑ punggung tangan 뿡궁 땅안 손등

관련 단어

- tinju 띤주
  kepalan tangan 꺼빨란 땅안 주먹
- pergelangan tangan 뻐르걸랑간 땅안 손목
- kuku 꾸꾸 손톱
- memotong kuku 머모똥 꾸꾸 손톱을 깎다
- garis tangan 가리스 땅안 /
  suratan tangan 수랏딴 땅안 손금
- meramal (melihat) garis tangan
  머라말 (멀리핫) 가리스 땅안 손금을 보다
- sidik jari 시딕 자리 지문
- kidal 끼달 왼손잡이

Dialogue

A: Kamu kakinya panjang sekali, ya!
까무 까끼냐 빤장 스깔리 야!
너, 다리가 참 길구나!

B: Ya, bahkan jari tangan saya juga panjang sekali.
야, 바하깐 자리 땅안 사야 주가 빤장 스깔리.
그렇지. 게다가 난 손가락도 무척 길어.

penampilan dari belakang 빠남삘란 다리 벌라깡 뒷모습

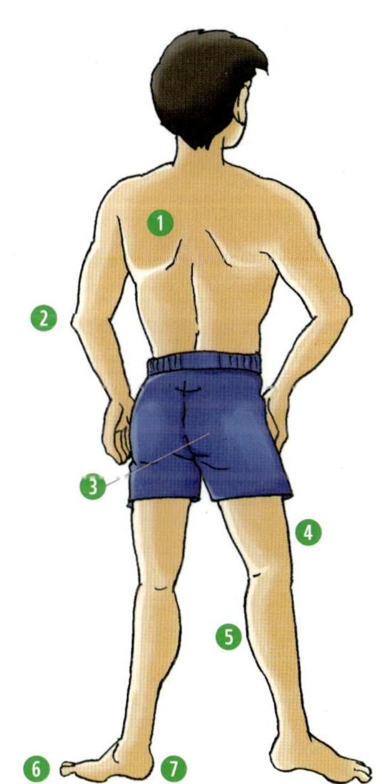

1. punggung 뿡궁 등
2. siku 시꾸 팔꿈치
3. pantat 빤딴 / bokong 보꽁 엉덩이
4. paha 빠하 허벅지
5. betis 버띠스 종아리
6. jari kaki 자리 까끼 발가락
7. tumit 뚜밋 뒤꿈치

Unit 01 tubuh manusia ▸▸▸

organ 오르간 기관

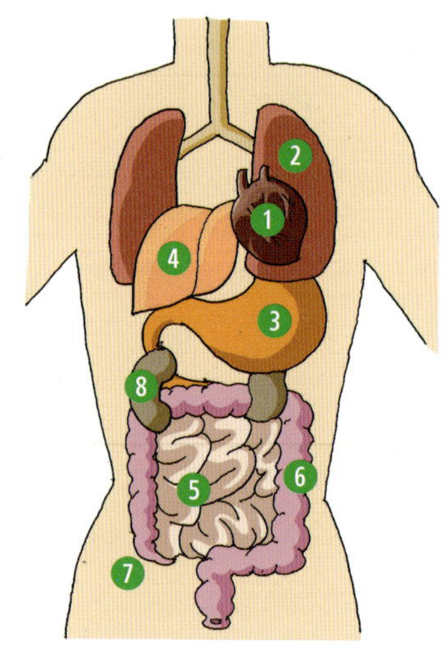

1. jantung 잔뚱 심장
2. paru-paru 빠루빠루 폐
3. lambung 람붕 /
   (구어체) mag 막 위
4. hati 하띠 간
5. usus kecil 우수스 께찔 소장
6. usus besar 우수스 버사르 대장
7. usus buntu 우수스 분뚜 /
   apendiks 아펜딕스 맹장
8. ginjal 긴잘 신장

관련 단어

- ☐ otak 오딱 뇌
- ☐ tulang punggung 뚤랑 뿡궁 등뼈
  tulang belakang 뚤랑 벌라깡 척추
- ☐ saraf 사랍 신경
- ☐ sel 셀 세포
- ☐ buluh 불루 혈관
- ☐ darah 다라 혈액, 피
- ☐ tulang 뚤랑 뼈
- ☐ sendi 슨디 관절
- ☐ otot 오똣 근육
- ☐ kulit 꿀릿 피부
- ☐ daging 다깅 살
- ☐ usus 우수스 장
- ☐ kantung kemih 깐뚱 꺼미 방광

Dialogue

A: Kayaknya orang itu sangat sensitif.
까야나 오랑 이뚜 상안 센시팁.
저 사람 신경이 무척 예민한가 봐.

B: Mengapa?
멍아빠?
왜?

A: Walaupun kami mengobrol dengan suara renda, dia sering melihat kami.
왈라우뿐 까미 멍오브롤 등안 수아라 른다, 디아 스링 멀리할 까미.
우리가 작은 소리로 말하는데도 자꾸 쳐다보잖아.

keluarga 껄루아르가 가족

- □ kakek 까껙 할아버지, 조부
- □ nenek 네넥 할머니, 조모

Kakek pulang besok.
까껙 뿔랑 베속.
할아버지는 내일 돌아오신다.

- □ papi 빠삐 / ayah 아야 아빠, 아버지
- □ bapak 빠빡 아버지 / 부친
- □ mami 마미 / ibu 이부 엄마, 어머니
- □ ibu kandung 이부 깐둥 친모

Ibu saya cantik benar (betul).
이부 사야 짠띡 버나르 (버뚤).
우리 엄마는 정말 예쁘다.

- □ om 옴 / paman 빠만 아저씨
- □ embak 음바 아주머니

Pamannya memberikan uang saku.
빠만냐 멈버리깐 왕 사꾸.
아저씨가 용돈을 주셨다.

- □ abang 아방 형
- □ kakak 까까 누나, 언니, 형

Abang dan kakak saya menyayangi saya.
아방 단 까까 사야 머냐양이 사야.
형과 누나는 나를 귀여워한다.

☐ anak laki-laki 아낙 라끼-라끼 / putra 뿌뜨라 아들

☐ anak perempuan 아낙 뻐럼뿌안 / putri 뿌뜨리 딸

Anak rumah tetangga di sebelah masih kecil.
아낙 루마 떠땅가 디 스벌라 마시 꺼찔.
옆집 아들은 아직 어리다.

☐ adik laki-laki
아딕 라끼-라끼 남동생

☐ adik perempuan
아딕 뻐럼뿌안 여동생

Adik perempuan Anda betul baik.
아딕 뻐럼뿌안 안다 버뚤 바익.
내 여동생은 정말 착하다.
(*대명시 Anda는 항상 대문지로 시작한다.)

☐ suami 수아미 남편

☐ istri 이스뜨리 아내

☐ saudara laki-laki 사우다라 라끼-라끼 형제

☐ saudara perempuan 사우다라 뻐럼뿌안 자매

☐ sepupu 서뿌뿌 사촌

☐ keponakan 꺼뽀나깐 / kemenakan 꺼머나깐 조카

☐ menantu 머난뚜 사위, 며느리

☐ bapak mertua 바빡 머르뚜아 시아버지

☐ ibu mertua 이부 머루뚜아 시어머니

☐ bapak mertua 바빡 머르뚜아 장인

☐ ibu mertua 이부 머루뚜아 장모

☐ kerabat 꺼라밧 친척

kehidupan 꺼히둡빤 인생

- kelahiran
  꺼라히란 탄생
- bayi 바이 아기

- anak kecil
  아낙 꺼찔 어린이
- si kecil 시 꺼찔 꼬마

  Anak kecil itu sedang senang bermain.
  아낙 꺼찔 이뚜 스당 스낭 버르마인.
  꼬마가 재미있게 놀고 있구나.

- anak laki-laki
  아낙 라끼-라끼 소년
- gadis 가디스 소녀

- pemuda 뻐무다 / laki-laki muda
  라끼라끼 무다 청년

  Laki-laki muda itu sedang pergi ke mana?
  라끼라끼 무다 이뚜 스당 뻐르기 꺼 마나?
  저 청년은 지금 어디 가는 걸까?

- orang dewasa
  오랑 데와사 성인

- orang yang tua
  오랑 양 뚜아 노인

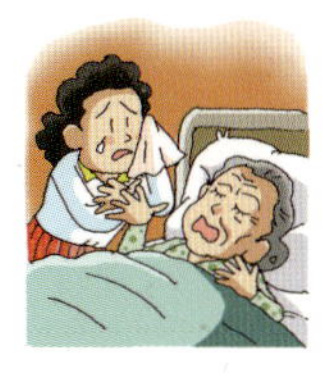

□ **wasiat** 와시앗 유언

Wasiat kakek adalah hidupnya harus jujur.
와시앗 까깩 아달라 히둡냐 하루스 주주르.
할아버지의 유언은 정직하게 살라는 것이었다.

□ **(upacara) jenazah**
(우빠짜라) 즈나자 장례(식)

□ **kuburan** 꾸부란 무덤

관련 단어

- □ **kehidupan** 꺼히둡빤 인생
- □ **masa kecil** 마사 꺼찔 어린 시절
- □ **pertumbuhan** 뻐르뚬부한 성장
- □ **pertunangan** 뻐르 뚜낭안 약혼
- □ **pernikahan** 뻐르니까한 / **perkawinan** 뻐르까윈안 결혼
- □ **perceraian** 뻐르쯔라이안 이혼
- □ **bercerai** 버르쯔라이 이혼하다
- □ **pengantin perempuan** 뼁안띤 뻐럼뿌안 신부
- □ **pengantin laki-laki** 뼁안띤 라끼-라끼 신랑
- □ **janda** 잔다 미망인
- □ **meninggal** 머닝갈 / **mati** 마띠 죽다
- □ **kematian** 꺼마띠안 죽음

Unit 04

cinta dan kawin 찐따 단 까윈 사랑과 결혼

□ cinta sebelah pihak

찐따 스벌라 삐학 짝사랑

Perempuan itu adalah orang yang saya cintai sebelah pihak.

뻐럼뿌안 이뚜 아달라 오랑 양 사야 찐따이 스벌라 삐학.

저 여자가 내가 짝사랑하는 사람이야.

□ hubungan segi tiga

후붕안 스기 띠가 삼각관계

□ menyatakan cinta kepada

머냐따깐 찐따 꺼빠다 사랑을 고백하다

□ bergaul dengan

버르가울 등안

berpacaran 버르빠짜란

(남녀가) 사귀다

Apakah kami boleh berpacaran?

아빠까 까미 볼레 버르빠짜란?

우리 앞으로 사귀지 않을래?

□ jatuh cinta pada pandangan pertama

자뚜 찐따 빠다 빤당안 뻐르따마 첫눈에 반하다(사랑)

Saya benar-benar (sungguh) jatuh cinta pada pandangan pertama.

사야 버나르-버나르 (숭구) 자뚜 찐따 빠다 빤당안 뻐르따마.

난 정말 첫눈에 반했어.

□ **pacar** 빠짜르 / **kekasih** 꺼까시 애인

Kami benar-benar berpacaran lama.

까미 버나르-버나르 버르빠짜란 라마.

우리는 정말 오래된 애인이다.

□ **pernikahan** 뻐르니까안 / **perkawinan** 뻐르까윈안 결혼

□ **nikah dengan** 니까 등안 **kawin dengan** 까윈 등안 결혼하다

□ **hamil** 하밀 임신하다

Perempuan itu sudah hamil tujuh bulan lamanya.

뻐럼뿌안 이뚜 수다 하밀 뚜주 불란 라마냐.

그녀는 임신한 지 7개월이 되었다.

□ **perjalanan hanimun** 뻐르잘란안 하니문 신혼여행

□ **pertengkaran** 뻐르뜽까란 말다툼

Saya tidak tahu mengapa tiap hari mereka bertengkar.

사야 띠닥 따후 멍아빠 띠압 하리 머레까 버르 떵까르.

그들은 왜 매일 말다툼을 하는지 모르겠어.

□ **teman** 떠만 / **kawan** 까완 친구

Unit 04 cinta dan kawin ▶▶▶

관련 단어

- ☐ **kelamin yang sejenis** 껄라민 양 스제니스 동성
- ☐ **jenis kelamin yang berbeda** 제니스 껄라민 양 버르베다 이성
- ☐ **cinta pertama** 찐따 뻐르따마 첫사랑
- ☐ **daya tarik** 다야 따릭 매력
- ☐ **meminang** 머미낭 / **melamar** 멀라마르 프러포즈하다, 구혼하다
- ☐ **surat undangan pernikahan** 수랏 운당안 뻐르니까안 청첩장
- ☐ **cincin pertunangan** 찐찐 뻐르 뚜낭안 약혼반지
- ☐ **cincin pernikahan** 찐찐 뻐르니까안 결혼반지
- ☐ **pengantin baru** 뻥안띤 바루 신혼 부부
- ☐ **teman hidup** 떠만 히둡 / **kawan hidup** 까완 히둡 / **jodoh** 조도 / **pasangan hidup** 빠상안 히둡 배우자
- ☐ **membesarkan anak** 멈버사르깐 아낙 양육하다, 아이를 키우다
- ☐ **mengenal** 멍어날 알게 되다
- ☐ **berpisah** 버르 삐사 (이별) / **bercerai** 버르쩌라이 헤어지다
- ☐ **berdamai** 버르 다마이 (합의) / **musyawarah** 무샤와라 화해하다
- ☐ **berbuat bagai bunglon** 버르부앗 바가이 붕론 / **bermuka dua** 버르무까 두아 불충하다, 양다리 걸치다

A: Katanya teman saya akan menikah pada minggu ini.
까따냐 떠만 사야 아깐 머니까 빠다 밍구 이니.
내 친구 이번 주에 결혼한대.

B: Dengan siapa? / (구어체)Sama siapa?
등안 시아빠? / 사마 시아빠?
어떤 사람이랑 하는데.

A: Katanya sudah lima tahun bergaul (berpacaran).
까따냐 수다 리마 따훈 버르가울 (버르빠짜란).
5년 동안 사귄 남자래.

B: Ah, cemburu betul.
아, 쩜부루 버뚤.
정말 부럽다.

kehidupan sehari-hari

꺼히둡빤 스하리-하리 일상 생활

□ sadar dari tidur 사다르 다리 띠두르 / bangun 방운 (잠에서) 깨다

□ bangun 방운 / bangkit 방낃 일어나다

Besok pagi akan bangun jam enam pagi.
베속 빠기 아깐 방운 잠 으남 빠기.
내일 아침에는 여섯 시에 일어나야지.

□ menyikat gigi
머니깟 기기 이를 닦다

□ menyisir rambut
머니시르 람붓 머리를 빗다

□ mencuci muka
먼쭈찌 무까 세수하다

□ mencukur 먼쭈꾸르 면도하다

Kena pisau saat (waktu) mencukur.
꺼나 삐사우 사앗 (왁뚜) 먼쭈꾸르.
면도하다가 턱을 베었다.

□ mengenakan pakaian
멍어나깐 빠까이안 옷을 입다

Hari ini memakai pakaian apa?
하리 이니 머마까이 빠까이안 아빠?
오늘은 무슨 옷을 입지?

□ **masuk kerja** 마숙 꺼르자 /
hadir bekerja 하디르 버꺼르자 /
masuk kantor 마숙 깐또르 출근하다

Ayah biasanya pergi ke kantor dengan bus.
아야 비아사냐 쁘르기 꺼 깐또르 등안 부스.
아버지는 보통 버스로 출근하신다.

□ **makan siang**
마깐 시앙 점심 먹다

Saya makan siang setengah dua belas.
사야 마깐 시앙 스뜽아 두아 벌라스.
나는 열한 시 반에 점심을 먹는다.

□ **mandi menggunakan pancuran**
만디 멍구나깐 빤쭈란 샤워(하다)

□ **sudah tidur** 수다 띠두르 /
masuk peraduan
마숙 뻐라두안 잠자리에 들다

□ **mendengarkan musik**
먼등아르깐 무식 음악을 듣다

Banyak pemuda mendengarkan musik di dalam kereta bawah tanah.
바냑 뻐무다 먼등아르깐 무식 디 달람 꺼레따 바와 따나.
많은 젊은이들은 전철에서 음악을 듣는다.

□ **menonton televisi**
머논똔 뗄레비시 텔레비전을 보다

Makan keripik kentang sambil menonton TV.
마깐 꺼리삑 껀땅 삼빌 머논똔 떼베.
텔레비전을 보면서 감자 칩을 먹었다.

Unit 05 kehidupan sehari-hari ▶▶▶

관련 단어

- □ bunyi 부니 소리
- □ suara 수아라 목소리
- □ mendengar 먼등아르 듣다
- □ terdengar 떠르등아르 들리다
- □ melihat 멀리핫 보다
- □ kelihatan 껄리하딴 / tampak 땀빡 보이다
- □ memegang 머머강 잡다
- □ meraba 머라바 / menyentuh 머년뚜 만지다, 닿다
- □ mencuci 먼쭈찌 빨래하다
- □ menyetrika 머녀뜨리까 / menggosok 멍고속 다리미질하다, 다리다
- □ mandi 만디 목욕하다
- □ mengganti pakaian 멍간띠 빠까이안 갈아입다
- □ mengatur 멍아뚜르 / membereskan 멈베레스깐 정리하다
- □ bekerja sampai larut malam 버꺼르자 삼빠이 라룯 말람 밤늦게 일하다
- □ belajar sampai larut malam
  벌라자르 삼빠이 라룻 말람 밤늦게 공부하다
- □ tidur siang 띠두르 시앙 낮잠을 자다
- □ bangun kesiangan 방운 꺼시앙안 늦잠을 자다
- □ bermain tenis meja 버르마인 떼니스 메자 탁구를 치다
- □ bermain 버르마인 게임을 하다
- □ bermain piano 버르마인 삐아노 피아노를 치다
- □ menelepon 머넬레뽄 전화를 걸다
- □ belajar 벌라자르 공부하다

☐ membaca 멈바짜 책을 읽다
☐ menulis surat 머눌리스 수랏 편지를 쓰다
☐ bermain (naik) ayunan 버르마인 (나익) 아윤안 그네를 타다
☐ bermain luncuran 버르마인 룬쭈란 미끄럼틀을 타다

A: Tidak terdengar bunyi apa-apa?
띠닥 떠르등아르 부니 아빠-아빠?
무슨 소리 들리지 않니?

B: Entah? Hanya terdengar suara kamu.
은따? 하냐 떠르등아르 수아라 까무.
글쎄? 네 목소리밖에 안 들리는데.

A: Coba dengarkan baik-baik, Malam begini, ada orang yang bermain piano.
쪼바 등아르깐 바익-바익, 말람 버기니 아다 오랑 양 버르마인 삐아노.
잘 들어 봐. 이 밤중에 누가 피아노를 치는 거 같은데.

B: Ah, bunyi itu terdengar dari tadi.
아, 부니 이뚜 떠르등아르 다리 따디.
아, 저 소리는 아까부터 들렸어.

fenomena gejala tubuh

훼노메나 게잘라 뚜부 **생리 현상**

□ **mengeluh**

멍얼루 한숨 짓다

□ **bersin**

버르신 재채기

□ **batuk** 바뚝 기침하다

Dia sering batuk.

디아 스링 바뚝.

그는 항상 기침을 달고 산다.

□ **keringat** 꺼링앗 땀

Mengapa berkeringat begini banyak?

멍아빠 버르꺼링앗 버기니 바냑?

왜 이렇게 땀이 많이 나지?

□ **air mata** 아이르 마따 눈물

Muka bayi ternoda dengan air mata.

무까 바이 떠르노다 등안 아이르 마따.

아기 얼굴이 눈물로 얼룩져 있다.

□ **buang air kecil** 부앙 아이르 꺼찔 / **air seni** 아이르 스니 소변

□ **kencing** 껀찡 / **pipis** 삐삐스 소변 보다

□ **kentut** 껀뚣 방귀

관련 단어

- ☐ bernapas 버르나빠스 호흡하다, 숨을 쉬다
- ☐ menangis 머낭이스 울다
- ☐ menguap 멍우압 하품
- ☐ menggeliat 멍걸리앗 기지개
- ☐ ceguk 쩌국 딸꾹질
- ☐ cegukan 쩌국깐 딸꾹질하다
- ☐ bersendawa 버르선다와 (배가 불러서) 트림을 하다
- ☐ air ludah 아이르 루다 / air liur 아이르 리우르 침, 타액
- ☐ buang air besar 부앙 아이르 버사르 대변
- ☐ mimpi 밈삐 꿈
- ☐ bermimpi 버르밈삐 꿈을 꾸다

A: Semalam saya bermimpi berkelahi dengan kamu.
스말람 사야 버르밈삐 버르껄라히 등안 까무.
나 어젯밤에 너랑 싸우는 꿈 꿨어.

B: Kayaknya, kamu biasanya punya perasaan yang tidak baik pada saya?
까야냐 까무 비아사냐 뿌냐 뻐라사안 양 띠닥 바익 빠다 사야?
평소에 나한테 무슨 나쁜 감정이 있었나 보지?

A: Mungkin, bisa juga.
뭉낀, 비사 주가.
글쎄, 혹시 그럴지도….

Unit 07

sifat, sikap 시홧, 시깝 성격, 태도

□ berhati-hati

버르하띠-하띠 주의 깊다

□ lalai 랄라이 / lengah 릉아 / kurang berhati-hati

꾸랑 버르하띠-하띠 부주의하다

□ rajin 라진 부지런하다

Kakak kami sangat rajin.

까깍 까미 상앗 라진.

우리 언니는 무척 부지런하다.

□ cerewet 쩨레웻 수다스럽다

Apabila nyonya-nyonya berkumpul, betul-betul cerewet.

아빠빌라 뇨냐-뇨냐 버르꿈뿔, 버뚤-버뚤 쩨레웻.

아줌마들이 모이면 정말 수다스럽다.

□ malu 말루

부끄러워하다

□ tidak sopan

띠닥 소빤 무례하다

□ tinggi kesabaran

띵기 꺼사바란 인내심이 있다

관련 단어

- □ berperilaku sopan dan halus 버르 뻐리라꾸 소빤 단 할루스 / ramah dan sopan 라마 단 소빤 / murah hati 무라 하띠 친절하다
- □ murni 무르니 순수하다
- □ penakut 뻐나꿋 겁이 많다
- □ gagah berani 가가 버라니 용감하다
- □ bijaksana 비작사나 / arif 아립 지혜롭디
- □ jujur 주주르 정직하다
- □ malas 말라스 게으르다
- □ bosan 보산 지루하다
- □ bodoh 보도 / tidak bijaksana 띠닥 비작사나 어리석다
- □ ramah 라마 / sopan 소빤 겸손하다
- □ sopan 소빤 예의바르다
- □ toleran 똘레란 관대하다
- □ jelas dan teliti 절라스 단 떨리띠 / sangat mendetail dan tepat 상앗 먼디따일 단 떠빳 섬세하다, 매우 세밀하고 정확하다
- □ dapat dipercaya 다빳 디뻐르짜야 믿을 수 있다
- □ bersifat egois 버르시홧 에고이스 / mementingkan diri sendiri 머먼띵깐 디리 슨디리 이기적이다
- □ sembrono 슴부로노 / berbuat tanpa pikir 버르부앗 딴빠 삐끼르 경솔하다
- □ kaku 까구 / canggung 짱궁 언행이 어색하다

penampilan luar 뻐남삘란 루아르 외모

- berat badan 버랏 바단
  몸무게

- gemuk 거묵 뚱뚱하다
- kurus 꾸르스 여위다, 마르다

- tinggi badan
  띵기 바단 키, 신장
  Tingginya berapa?
  띵기냐 버라빠?
  키가 얼마나 되세요?

- tinggi 띵기 키가 크다
- pendek 뻰덱 키가 작다

- manis 마니스 귀엽다
  Bayi itu sangat manis.
  바이 이뚜 상앗 마니스.
  저 아기, 무척 귀엽네.

- seksi 섹시 섹시하다
- mempesona 멈뻐소나 매력적이다

- manis 마니스 / cantik 짠띡 예쁘다
- molek 몰렉 아름답다

□ botak 보딱 대머리

□ rambut keriting
람붇 꺼리띵 파마머리

□ rambut berombak
람붇 버롬박 곱슬머리

□ rambut pendek
람붓 뻰덱 단발머리

□ rambut ekor kuda 람붇 에꼬르 꾸다
포니테일, 뒤로 한 다발로 묶은 머리

□ ekspresi air muka 엑스쁘레시 아이르 무까 표정

□ wajah polos 와자 뽈로스 포커페이스, 무표정하다

□ bengong 벙옹 멍하다

□ cakap 짜깝 멋지다, 잘생기다

A: Apakah rambut berombak seperti gaya ini cocok dengan saya?
아빠가 람붇 버르옴박 스뻐르띠 가야 이니 쪼족 등안 사야?
이런 스타일의 파마머리가 나한테 어울릴까?

B: Ya, kayaknya tidak apa-apa.
야, 까야냐 띠닥 아빠-아빠.
응, 괜찮을 거 같아.

perasaan 빼라사안 감정 ①

□ **bahagia** 바하기아 행복하다

Kami keluarga yang berbahagia.
까미 꺼루아르가 양 버르바하기아.
우리는 행복한 가족이에요.

□ **bersedih** 버르스디 / **sedih** 스디 / **bersusah hati** 버르수사 하띠
슬퍼하다, 상심하다

Jangan terlalu sedih karena berpisah dengan dia.
장안 떠르랄루 스디 까레나 버르삐사 등안 디아.
그 사람과 헤어졌다고 너무 슬퍼하지 말아요.

□ **panas** 빠나스 덥다

Tidak mau keluar karena panas.
띠닥 마우 껄루아르 까레나 빠나스.
더워서 밖에 나가기 싫다.

□ **dingin** 딩인 춥다

□ **haus** 하우스 목마르다

□ **capek** 짜뻬 / **lelah** 를라 피곤하다

□ **marah** 마라 화내다

Kalau bosnya marah, betul-betul menakutkan.
깔라우 보스냐 마라, 버뚤-버뚤 머나꾿깐.
사장님이 화내시면 정말 무서워.

□ lapar 라빠르 배고프다

□ kenyang 꺼냥 배부르다

□ malu 말루 부끄럽다, 창피하다

□ terkejut 떠르꺼줏 놀라다

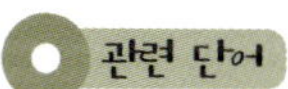

□ senang 스낭 / menyenangkan 머녀낭깐 재미있다

□ kecewa 꺼쩨와 실망하다

□ takut 따꿋 무섭다

□ senang 스낭 / gembira 검비라 기쁘다

□ sepi 스삐 쓸쓸하다

□ menjadi sepi 먼자디 스삐 / kesepian 꺼스삐안 외롭다

A: Kamu kelihatan capek?
까무 껄리핟딴 짜뻬?
너 피곤해 보이는데?

B: Ya, bergadang belajar untuk ujian.
야, 버르가당 벌라자르 운뚝 우지안.
시험 공부하느라 밤샜어요.

perasaan 빠라사안 감정 ②

□ kebijakan 꺼비작깐 / kearifan 꺼아리환 지혜

Dia orang bijaksana.
디아 오랑 비작사나.
그는 지혜가 있는 사람이다.

□ ketakutan 꺼따굿딴 두려움

Buanglah ketakutan!
부앙라 거따굿딴.
두려움을 버려라.

□ kesakitan 꺼사낏딴 아픔

□ kesenangan 꺼스낭안 / kegembiraan 꺼검비라안 즐거움

□ kesedihan 꺼스디안 슬픔

□ gagah berani 가가 버라니 용기

□ keputusasaan 꺼뿌두스아사안 / kepatahan hati 꺼빠따한 하띠 절망

□ godaan 고다안 / pancingan 빤찡안 유혹

□ cinta 찐따 사랑

Cinta mereka indah sekali.

찐다 머레까 인다 스깔리.

그들의 사랑은 아름답다.

□ kebebasan 꺼베바산 자유

관련 단어

□ harap 하랍 희망하다

□ kagum 까굼 감탄하다

□ berperilaku halus dan sopan 버르뻐리라꾸 할루스 단 소빤 친절하다

□ berterima kasih 버르뜨리마 까시 감사하다

□ benar 버나르 진실하다

□ jujur 주주르 정직하다

□ ideal 이데알 이상적이다

□ puas 뿌아스 / memuaskan 머무아스깐 만족스럽다

□ damai 다마이 평화, 평온하다

□ khawatir 까와띠르 불안하다, 걱정하다

□ menyesal 머녀살 / merasa 머라사 / kecewa 꺼쩨와 후회하다

□ benci 번찌 증오하다, 싫어하다

연습문제

Self Test

1 다음 인체 부위를 인도네시아어로 써보세요.

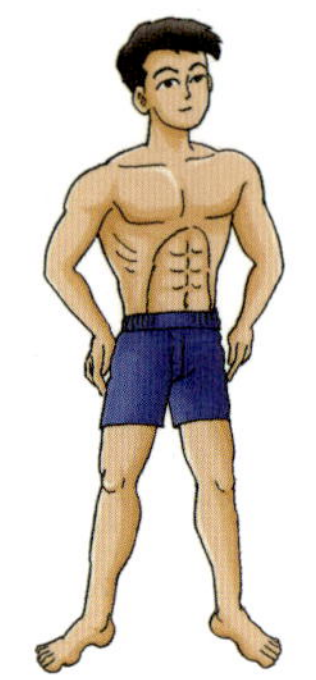

a) 눈, 코, 귀, 입, 혀

b) 어깨, 팔, 손가락, 무릎

2 다음 단어의 뜻을 써보세요.

kepala ________ darah ________ tulang ________ muka ________ otot ________

3 다음 빈칸에 인도네시아어를 넣으세요.

a) 우리 가족은 엄마, 아빠, 나 그리고 남동생 모두 네 명이다.
________ saya adalah ________, ________, saya, dan anak laki-laki semuanya empat orang.

b) 사위란 내 딸의 남편을 말한다.
________ adalah suami ________ saya.

c) 내가 어린 시절에 ketika saya ________

d) 인생은 아름다워. ________ adalah indah.

e) 탄생과 죽음 Kehidupan dan ________

f) 삼각 관계 ______________

g) 당신과 결혼하고 싶어요. Saya mau ________ _______ Anda.

4 다음 인도네시아어 표현을 해석하세요.

bangun _________ menonton TV _________

sudah tidur _________ mendengar musik _________

5 다음 그림을 인도네시아어와 연결시키세요.

• • • • •

• • • • •

mengeluh air mata keringat buang air kecil bersin

6 다음 빈칸에 알맞는 인도네시아어를 넣으세요.

a) 조심해요! ________

b) 이기적인 여자 perempuan yang ________

c) 무례하지 않고 예의바른 ________

7 다음을 해석하세요.

anak laki-laki yang tinggi ________

gadis yang manis ________

botak ________

8 빈칸에 인도네시아어를 넣으세요.

a) 나는 무척 목이 마릅니다. Saya ________ sekali.

b) 재미있는 영화 Film yang ________

c) 그는 재미있는 사람이다. Dia adalah orang yang ________.

d) 당신의 친절에 감사드립니다.

Terima kasih atas ________.

e) 전쟁과 평화 Peperangan dan ________.

정답

1 a) mata hidung mulut telinga lidah
b) pundak, bahu lengan jari tangan lutut

2 머리 혈액(피) 뼈 얼굴 근육

3 a) keluarga, ibu, ayah b) menantu, putri c) kecil d) kehidupan
e) kematian f) hubungan segi tiga g) menikah dengan

4 일어나다 TV를 보다 잠들다 음악을 듣다

5 한숨 짓다-mengeluh 재채기-bersin 땀-keringat
눈물-air mata 소변-buang kecil

6 a) awas! b) egois c) sopan

7 키 큰 소년 귀여운 소녀 대머리

8 a) haus b) menyenangkan c) luck
d) keramahan e) perdamaian

Theme 2

keluarga 껠루아르가 가정

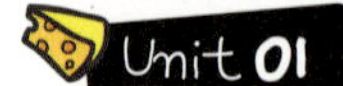

rumah 루마 집

□ **apartemen** 아빠르뜨멘 / **rumah susun** 루마 수순 아파트

□ **rumah** 루마 주택

Ya, rumah yang indah!
야, 루마 양 인다!
참 멋진 주택이군요!

□ **tuan rumah** 뚜안 루마 집주인

Kali ini untunglah bertemu tuan rumah yang baik.
깔리 이니 운뚱라 버르떠무 뚜안 루마 양 바익.
이번엔 좋은 집주인을 만나서 다행이야.

□ **biaya sewa rumah**
비아야 세와 루마 집세

Berapa biaya sewa rumah?
버라빠 비아야 세와 루마?
집세는 얼마예요?

□ **menyewakan**
머녜와깐 임대하다

□ **uang jaminan**
왕 자민안 보증금

□ **penyewa rumah**
뻐녜와 루마 세입자

관련 단어

- □ tempat berdiam 뜸빳 버르디암 거주지
- □ alamat 알라맛 주소
- □ perpindahan 뻐르삔다한 이사
- □ properti 뿌로뻐르띠 부동산
- □ memperbaiki 멈뻐르바이끼 / membangun kembali 멈방운 껌발리 개축[재건]하다
- □ rumah mewah 루마 메와 저택
- □ vila 빌라 빌라

- □ satu gedung apartemen 사뚜 거둥 아빠르뜨멘 아파트의 한 동
- □ kawasan apartemen 까와산 아빠르뜨멘 아파트 단지
- □ air ledeng 아이르 레덩 상수도
- □ saluran pembuangan 살루란 뻼부앙안 / selokan 슬로깐 하수도
- □ listrik 리스뜨릭 전기
- □ air ledeng dan listrik 아이르 레덩 단 리스뜨릭 수도와 전기
- □ gas 가스 가스

Dialogue

A: Kapan rumah ini diperbaiki?
까빤 루마 이니 디뻐르바이끼?
이 집은 언제 개축한 거예요?

B: Diperbaiki langsung sesudah mantan tuan rumah berpindah pada tahun yang lalu.
디뻐르바이끼 랑숭 서수다 만딴 뚜안 루마 버르삔다 빠다 따훈 양 랄루.
작년에 집주인이 이사 가고 나서 바로 고쳤어요.

bagian luar rumah

바기안 루아르 루마 **주택 외부**

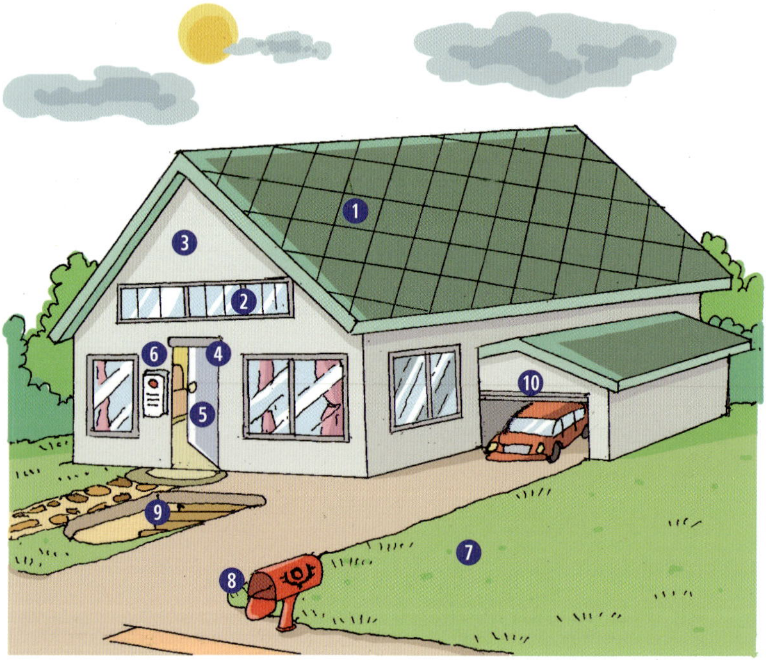

❶ atap 아땁 지붕

❷ jendela 즌델라 창문

❸ dinding 딘딩 벽

❹ serambi 스람비 현관

❺ pintu 삔뚜 문

❻ bel 벨 초인종

❼ rumput halaman 룸뿟 할라만 / rumput golf 룸뿟 골프 잔디

8 kotak surat 꼬딱 수랏 우편함

9 ruang di bawah tanah 루앙 디 바와 따나 지하실

10 garasi 가라시 차고

관련 단어

- ☐ pagar 빠가르 울타리, 담장
- ☐ papan nama (di depan pintu rumah)
  빠빤 나마 (디 드빤 삔뚜 루마) 문패
- ☐ halaman depan 할라만 드빤 앞마당
- ☐ kebun 꺼분 성원
- ☐ beranda 베란다 베란다
- ☐ gudang 구당 창고
- ☐ loteng 로뗑 다락
- ☐ tangga 땅가 계단

A: Terdengar bunyi bel, Cobalah keluar!
떠르등아르 부니 벨, 쪼바라 껄루아르!
초인종 소리가 나는데, 좀 나가 봐.

B: Tidak mau.Kamu saja.
띠닥 마우, 까무 사자.
싫어, 네가 나가 봐.

A: Lihat saya sekarang sedang mencuci piring.
리핫 사야 스까랑 스당 먼쭈지 삐링.
난 지금 설거지하고 있잖아.

ruang tamu 루앙 따무 거실

1. gorden 고르덴 커튼
2. kipas angin 끼빠스 앙인 선풍기
3. mesin penghisap debu 머신 뻥히삽 더부 진공청소기
4. meja 메자 탁자, 테이블
5. sofa 소파 소파
6. karpet 까르뻿 카펫, 양탄자
7. lantai kayu 란따이 까유 마루
8. tong sampah 똥 삼빠 / tempat sampah 떰빳 삼빠 쓰레기통

☐ **televisi** 뗄레비시 텔레비전

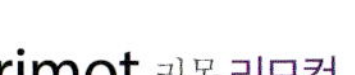

☐ **rimot** 리못 리모컨

Rimot ini tidak aktif. / Rimot itu rusak. / Rimot ini tidak lancar.
리못 이니 띠닥 악띱./ 리못 이뚜 루삭. / 리못 이니 띠닥 란짜르.
이 리모컨이 잘 작동되지 않는다.

☐ **foto** 훠또 사진

☐ **jam dinding** 잠 딘딩 벽시계

- ☐ **langit-langit** 랑잇-랑잇 천장
- ☐ **kandil** 깐딜 / *chandelier* 샨들리에르 샹들리에
- ☐ **lemari buku** 러마리 부꾸 책장
- ☐ **gambar** 감바르 그림
- ☐ **tikar** 띠까르 깔개, 매트

A: Perempuan di dalam foto ini siapa?
빠럼뿌안 디 달람 훠또 이니 시아빠?
사진 속의 이 젊은 여자분은 누구야?

B: Itu ibu saya sendiri 20 tahun yang lalu.
이뚜 이부 사야 슨디리 두아쁠루 따훈 양 랄루.
20년 전의 우리 엄마야.

dapur 다뿌르 주방

□ kulkas
꿀까스 냉장고

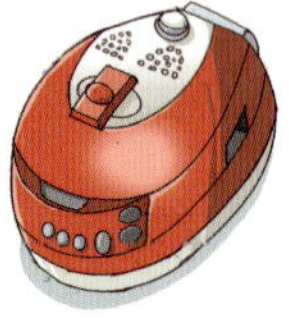

□ penanak nasi listrik 뻐나낙 나시 리스뜨릭 /
rice cooker 라이스 꾸꺼르 전기밥솥

□ pemanggang roti
뻐망강 로디 토스터

Mari kita memanggang roti di pemanggang roti dan minum.
마리 끼따 머망강 로띠 디 뻐망강 로띠 단 미눔.
토스터에 빵을 구워 커피랑 먹자.

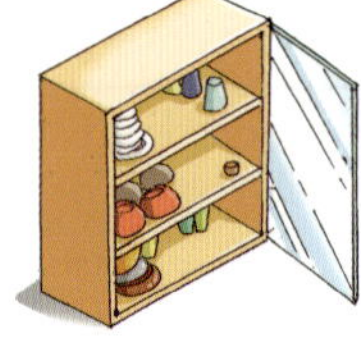

□ lemari alat makan
르마리 알랏 마깐 찬장

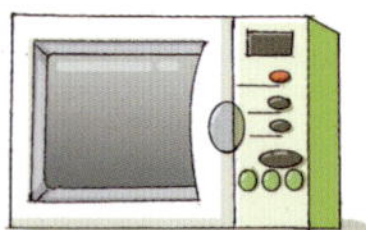

□ oven gelombang mikro
오븐 걸롬방 미끄로 전자레인지

□ panci 빤찌 냄비

□ cerek 쩨렉 /
teko 떼꼬 주전자

□ penggorengan
뻥고렝안 프라이팬

□ tempat cuci untuk alat-alat masak dan makan
뜸빳 쭈지 운뚝 알랏–알랏 마삭 단 마깐 싱크대

□ wadah 와다 / mangkok 망꼭 그릇

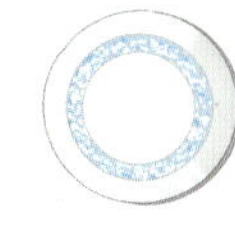

□ piring 삐링 접시

□ gelas 걸라스 컵

Kalau melihat gelas yang cantik, saya mau membelinya.
깔라우 멀리핫 걸라스 양 짠띡, 사야 마우 멈벌리냐.
나는 예쁜 컵만 보면 사고 싶다.

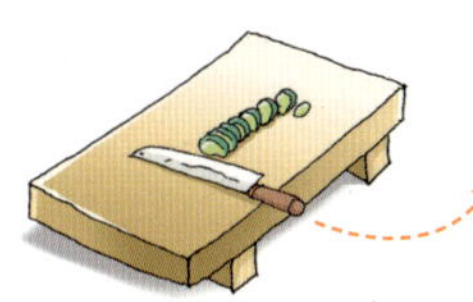

□ pisau dapur 삐사우 다뿌르 식칼

□ talenan 딸레난 도마

□ sendok besar 센독 버사르 / sendok sup 센독 숩 국자

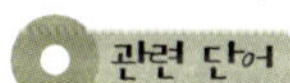

□ sendok 센독 숟가락

□ sumpit 숨삣 젓가락

□ garpu 가르뿌 포크

□ pisau 삐사우 나이프

□ oven 오븐 오븐

□ lap 랍 행주

A: Tolong, bersihkan meja makan dengan lap basah?
똘롱, 버르시깐 메자 마깐 등안 랍 바사?
행주로 식탁 좀 닦아줄래?

B: Sudah dicuci. Sekarang sendok sedang ditaruh.
수다 디쭈찌. 스까랑 센독 스당 디따루.
벌써 닦았어요. 지금 숟가락 놓고 있잖아요.

kamar mandi 까마르 만디 욕실

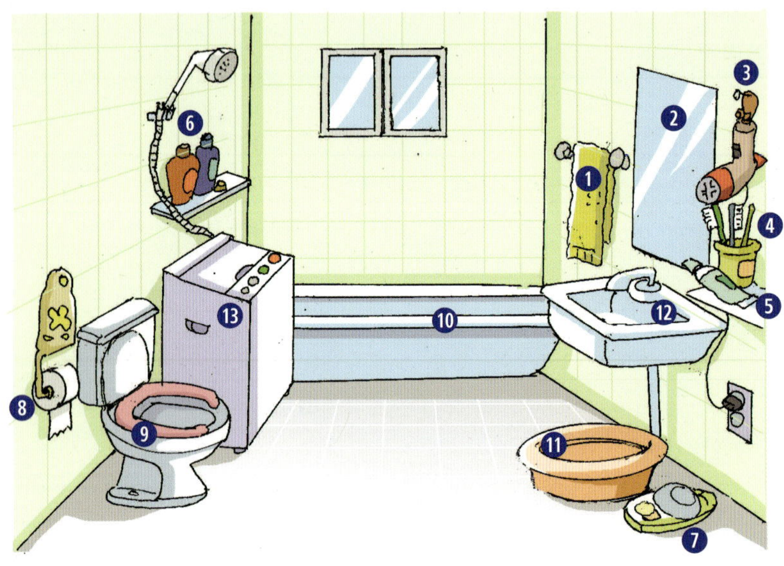

1. handuk 한둑 수건, 타월
2. cermin 쩌르민 거울
3. pengering rambut 뻥어링 람붇 헤어드라이어
4. sikat gigi 시깓 기기 칫솔
5. pasta gigi 빠스따 기기 / odol 오돌 치약
6. sampo 삼뽀 샴푸
   pembilas 뻠빌라스 린스
7. sabun 사분 비누
8. tisu toilet 띠수 또일렏 화장지

9 **kakus** 까구스 / **tandas** 딴다스 변기

10 **bak mandi** 박 만디 욕조

11 **baskom** 바스꼼 세숫대야

12 **wastafel** 와스따휄 / **bak cuci** 박 쭈찌 세면기

13 **mesin cuci** 머신 쭈찌 세탁기

관련 단어

- ☐ gaun mandi 가운 만디 목욕 가운
- ☐ air mandi 아이르 만디 목욕물
- ☐ mencuci rambut 먼쭈찌 람붓 머리를 감다
- ☐ cucian 쭈찌안 세탁물
- ☐ bahan pembersih 바한 뻠버르시 세제
- ☐ keran 꺼란 수도꼭지
- ☐ alat pancuran 알랏 빤쭈란 샤워기
- ☐ lubang pembuangan air 루방 뻠부앙안 아이르 배수구

A: **Bu, sampo sudah habis!**
부, 삼뽀 수다 하비스!
엄마, 샴푸가 다 떨어졌어요!

B: **Oh, begitu. Saya kira itu belum lama dibeli.**
오, 버기뚜. 사야 끼라 이뚜 벌룸 라마 디벌리.
그래? 새로 산 지 얼마 안 된 거 같은데.

kamar tidur 까마르 띠두르 침실

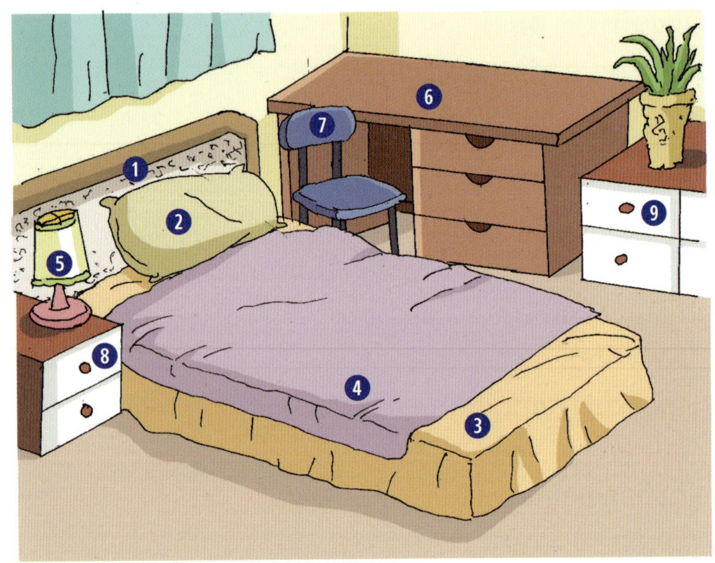

1. tempat tidur 뗨빧 띠두르 침대
2. bantal 반딸 베개
3. sperai 스쁘레이 침대보
4. selimut 슬리뭇 담요, 모포
5. lampu meja 람뿌 메자 스탠드
6. meja 메자 책상
7. kursi 꾸르시 의자
8. lemari laci 러마리 라찌 서랍장, 수납장

9 lemari buku 러마리 부꾸 책장

10 jam dinding 잠 딘딩 시계

관련 단어

- ☐ jam alarm 잠 알람 알람시계
- ☐ alat (mesin) pelembab 알랏 (머신) 뻘름밥 가습기
- ☐ lemari pakaian 러마리 빠까이안 옷장
- ☐ meja rias 메자 리아스 / lemari rias 르마리 리아스 화장대, 경대
- ☐ tempat tidur singgel 뜸빳 띠두르 싱글 싱글베드, 1인용 침대
- ☐ tempat tidur dobel 뜸빳 띠두르 더블 더블베드, 2인용 침대
- ☐ tempat tidur bertingkat 뜸빳 띠두르 버르띵깟 2단 침대

A: Kamarnya kotor sekali!
까마르냐 꼬또르 스깔리!
방이 엄청 더럽잖아!

B: Tahu, tapi tak ada waktu untuk membersihkannya.
따우, 따삐 딱 아다 왁뚜 운뚝 멈버르시깐냐.
알고 있어. 근데 치울 시간이 없네.

A: Kalau begitu, akan saya bantu.
깔라우 버기뚜, 아깐 사야 반뚜.
그럼, 내가 도와줄게.

B: Terima kasih, ya.
떠리마 까시, 야.
고마워.

kamar bayi 까마르 바이 아기 방

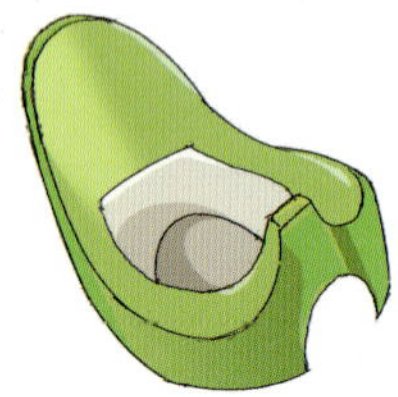

□ **kakus untuk bayi** 까꾸스 운뚝 바이
유아용 변기

Sekarang sudah waktunya untuk memakai kakus untuk bayi.
스까랑 수다 왁뚜냐 운뚝 머마까이 까꾸스 운뚝 바이.
이제 유아용 변기를 사용할 때가 되었어요.

□ **mainan** 마인안 장난감

Hari ini bermain baik dengan mainan.
하리 이니 버르마인 바익 등안 마인안.
오늘은 장난감을 가지고 잘 놀았어요.

□ **gokar** 고까르 / **alat belajar jalan**
알랃 벌라자르 잘란 보행기

□ **buaian** 부아이안 요람

Bayinya sedang tidur di buaian.
바이냐 스당 띠두르 디 부아이안.
아기가 요람에서 자고 있다.

□ **boneka beruang** 보네까 버루앙 곰인형

Boneka beruang sangat disukai bayi saya.
보네까 버루앙 상앗 디스까이 바이 사야.
곰인형은 우리 아기가 가장 좋아한다.

관련 단어

- ☐ ayunan 아윤안 그네
- ☐ gokar 고까르 / kereta bayi 꺼레따 바이 유모차
- ☐ tempat tidur kanak-kanak 뜸빳 띠두르 까낙-까낙 유아용 침대
- ☐ lemari pakaian untuk bayi 르마리 바까이안 운뚝 바이 아기 옷장
- ☐ kursi kanak-kanak 꾸르시 까낙-까낙 유아 의자
- ☐ oto 오또 턱받이
- ☐ popok 뽀뽁 기저귀
- ☐ celana berpunggung tinggi 쯜라나 버르뿡궁 띵기 / celana bertali bahu 쯜라나 버르딸리 바후 / celana berselempang 쯜라나 버르슬렘빵 멜빵바지

A: Mau membeli gokar / kereta bayi.
마우 멈벌리 고까르 / 꺼레따 바이.
유모차를 사려고 하는데요.

B: Ya, silakan! Bagaimana ini?
야 실라칸! 바가이마나 이니?
그러세요? 이거 어떠세요?

A: Hm, kelihatannya baik. Tapi, berapa harganya?
흠, 껄리할딴냐 바익. 따삐, 버라빠 하르가냐?
음, 좋아 보이네요. 그런데 가격은요?

B: Rp 100,000
스라뚜스 리부 루삐아.
10만 Rp입니다.

Unit 08

alat-alat 알랃-알랃 공구

□ obeng 오벵 드라이버

□ obeng kembang
오벵 끔방 십자 드라이버

□ obeng pipih
오벵 삐삐 일자 드라이버

□ tang 땅 펜치

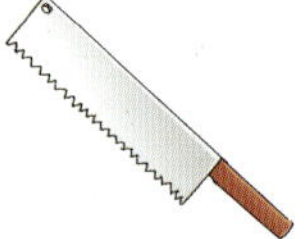

□ gergaji
거르가지 톱

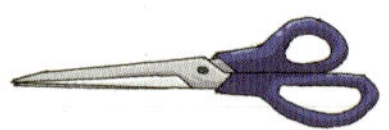

□ gunting 군띵 가위

□ gergaji listrik
거르가지 리스뜨릭 전기톱

□ kapak 까빡 도끼

□ paku 빠꾸 못

Dia memaku dinding dengan palu.
디아 머마꾸이 딘딩 등안 빨루.
그는 벽에 망치로 못을 박았다.

□ palu 빨루 / martil kecil
마르띨 꺼찔 망치

□ sekop 스꼽 삽

□ tangga 땅가 사다리

□ sapu 사뿌 빗자루

□ serokan debu 스로깐 더부 쓰레받기

Mengumpulkan sampah di serokan debu dengan sapu.
멍움뿔깐 삼빠 디스로깐 더부 등안 사뿌.
쓰레받기에 빗자루로 쓰레기를 쓸어 담았다.

관련 단어

- □ kikir 끼끼르 줄칼
- □ meteran pita 메터란 삐따 줄자
- □ kawat 끼왓 철사
- □ beliung 벌리웅 곡괭이
- □ lem 렘 / perekat 뻐르깟 풀, 접착제
- □ kantong plastik 깐똥 쁠라스틱 비닐봉지
- □ stop kontak 스똡 꼰딱 콘센트
- □ gantungan baju 간뚱안 바주 옷걸이
- □ ember 엠베르 양동이
- □ benang 버낭 실
- □ jarum 자룸 바늘
- □ pel 뻴 걸레

연습문제

Self Test

1 다음 빈칸에는 인도네시아어를 쓰고 인도네시아어는 해석하세요.

a) 나는 아파트에 삽니다. Saya tinggal di ________.

b) 주택 ________

c) sewa rumah ________ pemilik rumah ________

penyewa rumah ________

2 다음 단어를 인도네시아어 혹은 우리말로 고치세요.

a) 지붕 ________ 앞마당 ________ 다락 ________

정원 ________ 잔디 ________

b) langit-langit ________ kursi goyang ________

lantai ________ kipas angin ________

gambar ________

c) cermin ________ sabun ________

bak mandi ________ pasta gigi ________

handuk ________

d) 침대 ________ 베개 ________ 옷장 ________

서랍 ________ 화장대 ________

3 다음 그림을 인도네시아어와 연결시키세요.

sendok sup · wadah · talenan · teko · oven gelombang mikro

4 다음 보기에서 단어를 골라 빈칸에 넣으세요.

a) ayunan　mainan　buaian　boneka beruang
b) tangga　palu　paku　gergaji

a) 그네 ________　요람 ________
장난감 ________　곰인형 ________

b) 톱 ________　망치 ________
못 ________　사다리 ________

1 a) apartemen　b) rumah　c) 집세(세를 얻음), 집주인, 세입자

2 a) atap　halaman depan　loteng　kebun　rumput
b) 천장　흔들의자　마루　선풍기　그림
c) 거울　비누　욕조　치약　수건
d) tempat tidur – bantal – lemari pakaian – laci – meja rias

3 전자레인지–oven gelombang mikro　주전자–teko　국자–sendok sup
그릇–wadah　도마–talenan

4 a) ayunan　buaian　mainan　boneka beruang
b) gergaji　palu　paku　tangga

THEMATIC INDONESIA WORDS

Theme 3

angka 앙까 수

angka 앙까 숫자

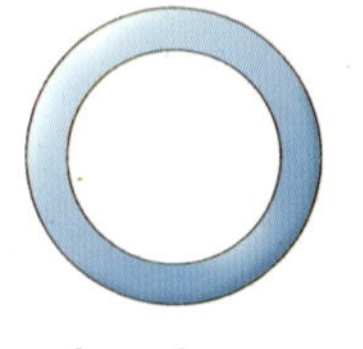

□ 0 nol 놀 / kosong 꼬송

□ 1 satu 사뚜

□ 2 dua 두아

□ 3 tiga 띠가

□ 4 empat 음빳

□ 5 lima 리마

□ 6 enam 으남

□ 7 tujuh 뚜주

□ 8 delapan 들라빤

□ 9 sembilan 슴빌란

□ 10 sepuluh 서뿔루

- ☐ 11 sebelas 스벌라스
- ☐ 12 dua belas 두아 벌라스
- ☐ 13 tiga belas 띠가 벌라스
- ☐ 14 empat belas 음빳 벌라스
- ☐ 15 lima belas 리마 벌라스

- ☐ 16 enam belas 으남 벌라스
- ☐ 17 tujuh belas 뚜즈 벌라스
- ☐ 18 delapan belas 들라빤 벌라스
- ☐ 19 sembilan belas 슴빌란 벌라스
- ☐ 20 dua puluh 두아 뿔루

- ☐ 21 dua puluh satu 두아 뿔루 사뚜
- ☐ 30 tiga puluh 띠가 뿔루
- ☐ 40 empat puluh 음빳 뿔루
- ☐ 50 lima puluh 리마 뿔루
- ☐ 60 enam puluh 으남 뿔루
- ☐ 70 tujuh puluh 뚜주 뿔루
- ☐ 80 delapan puluh 들라빤 뿔루
- ☐ 90 sembilan puluh 슴빌란 뿔루
- ☐ 100 seratus 스라뚜스

Unit 01 angka ▸▸▸

- □ 1,000 seribu 스리부
- □ 10,000 sepuluh ribu 스뿔루 리부
- □ 100,000 seratus ribu 스라뚜스 리부
- □ 1,000,000 satu juta 사뚜 주따
- □ 10,000,000 sepuluh juta 서뿔루 주타

- □ 0,3 nol koma tiga 놀 꼬마 띠가
- □ 1/5 satu perlima 사뚜 빠르리마
- □ 70% tujuh puluh persen 뚜주 뿔루 빠르센

관련 단어

- □ angka ganjil 앙까 간질 홀수
- □ angka genap 앙까 그납 짝수
- □ bilangan pecahan 빌랑안 뻐짜안 분수
- □ lebih besar daripada~ 르비 버사르 다리빠다 ~보다 크다
- □ lebih kecil daripada~ 르비 꺼찔 다리빠다 ~보다 작다
- □ sama dengan 사마 등안 ~와 같다
- □ tidak sama dengan 띠닥 사마 등안 ~와 같지 않다
- □ menghitung 멍히뚱 계산하다

A: Boleh beritahukan nomor telepon Anda?
볼레 버리따후깐 노모르 뗄레뽄 안다?
네 전화번호 좀 가르쳐 줄래?

B: Ya, nol sembilan delapan dua-dua lima nol-empat enam tiga.
야, 놀 슴빌란 들라빤 두아-두아 리마 놀-음빳으남 띠가.
응, 0982-250-4630이야.

A: Aduh! Tak ada bolpoin. Boleh pinjamkan?
아두! 딱 아다 볼뽀인. 볼레 삔잠깐?
이런, 펜이 한 자루도 없네. 좀 빌려줄 수 있니?

B: Ya, saya punya tiga batang pensil. Nah, ini.
야, 사야 뿌냐 띠가 바땅 뻰실. 나, 이니.
그럴게. 난 세 자루나 있거든. 자, 여기 있어.

perhitungan 뻐르히뚱안 계산

□ panjang 빤장 가로
□ lebar 레바르 세로

□ jarak 자락 거리

□ luas 루아스 / keluasan 꺼루아산 넓이, 면적

□ dalam 달람 깊이

□ tinggi 띵기 / ketinggian 꺼띵기안 높이

□ berat 버랏 / keberatan 꺼버랏딴 무게

□ tebal 떠발 / ketebalan 꺼떠발란 두께

□ volume 볼룸머 부피

□ cepat 쩌빳 / kecepatan 꺼쩌빳딴 속도

관련 단어

- besar 버사르 / kebesaran 꺼버사란 크기
- panjang 빤장 / kepanjangan 꺼빤장안 길이

- perhitungan tambah 빠르히뚱안 땀바 덧셈
- perhitungan kurang 빠르히뚱안 꾸랑 뺄셈
- perhitungan kali 빠르히뚱안 깔리 곱셈
- perhitungan bagi 빠르히뚱안 바기 나눗셈

Lima tambah sembilan sama dengan empat belas.
리마 땀바 슴빌란 사마 등안 음빧 벌라스
5 더하기 9는 14

- meter 메떠르 미터
- meter persegi 메떠르 빠르세기 제곱미터(m2), 평방미터
- gram 그람 그램
- ton 똔 톤
- liter 리떠르 리터
- mil 밀 마일 (1mile = 1.6km)
- milimeter 밀리메떠르 밀리미터
- sentimeter 센띠메떠르 센티미터
- kilometer 낄로메떠르 킬로미터

bentuk 번뚝 도형

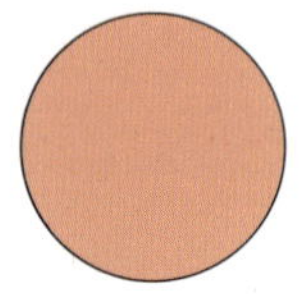

□ lingkaran 링까란 원

Muka saya bundar seperti lingkaran.
무까 사야 분다르 스뻐르띠 링까란.
내 얼굴은 원처럼 동그랗다.

□ bentuk oval 번뚝 오봘 / bulat telur 불랃 떨루르 타원형

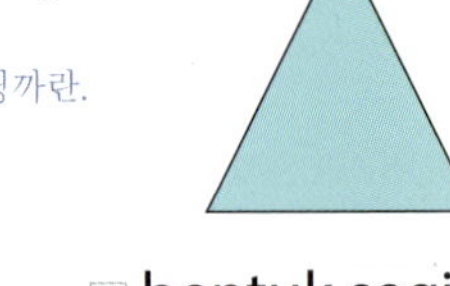

□ bentuk segi tiga 번뚝 스기 띠가 삼각형

Bentuk segi tiga adalah bentuk yang tiga titiknya disambungkan.
번뚝 스기 띠가 아달라 번뚝 양 띠가 띠띡냐 디삼붕깐.
삼각형은 세 점을 이어 만든 도형이다.

□ bentuk segi empat sama sisi 번뚝 세기 음빧 사마 시시 / bujur sangkar 부주르 상까르 정사각형

Bentuk segi empat sama sisi adalah empat sisinya sama.
번뚝 세기 음빧 사마 시시 아달라 음빧 시시냐 사마.
정사각형은 네 변의 길이가 같다.

□ empat persegi panjang 음빧 뻐르세기 빤장 직사각형

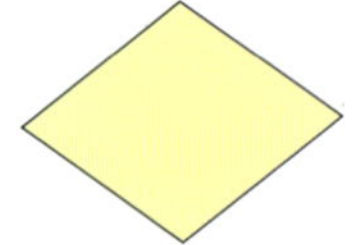

□ bentuk rombus 번뚝 롬부스 마름모

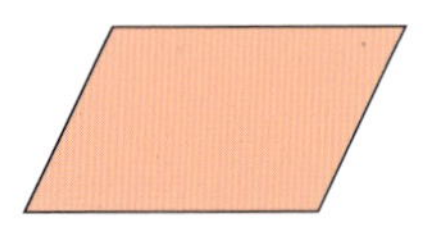

□ bentuk jajaran gejang 번뚝 자자란 그냥 평행사변형

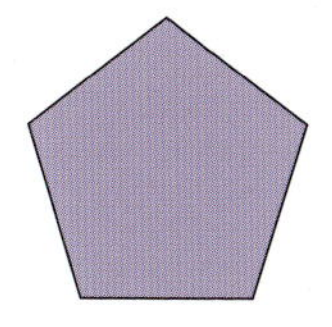

□ bentuk segi lima

번뚝 스기 리마 오각형

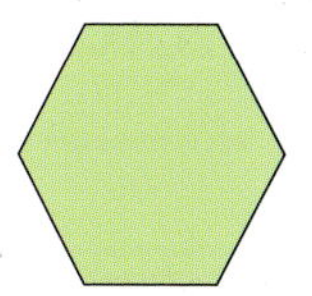

□ bentuk segi enam

번뚝 스기 으남 육각형

Sarang lebah berbentuk segi enam.

사랑 르바 버르번뚝 스기 으남.

벌집은 육각형이다.

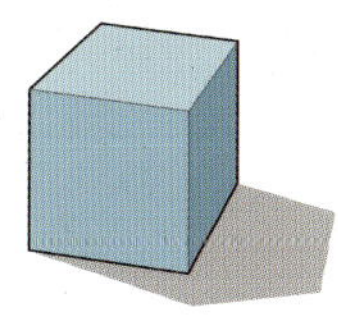

□ kubus 꾸부스 /

heksahedron 헥사헤드론 정육면체

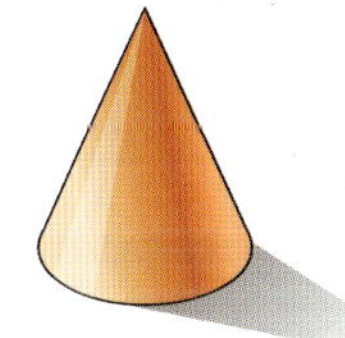

□ kerucut 꺼루쭛 원추형

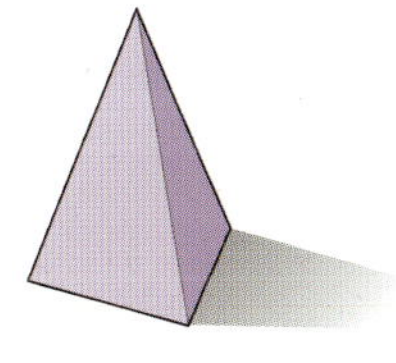

□ piramida 삐라미다 각뿔

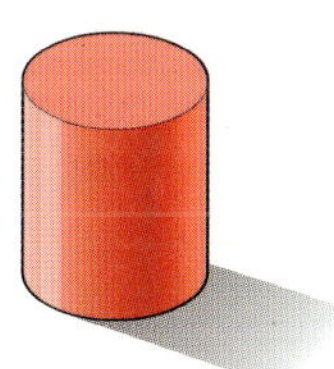

□ silinder 실린더르 원기둥

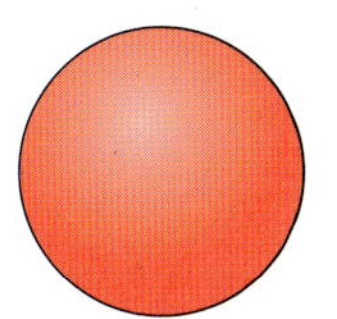

□ bulatan 불라딴 구

Bumi tempat kami tinggal adalah berbentuk bulat.

부미 뜸빳 까미 띵갈 아달라 버르번뚝 불랏.

우리가 사는 지구는 구형이다.

kalender 깔렌더르 달력

musim 무심 계절

□ musim bunga 무심 붕아 / musim semi 무심 스미 봄

□ musim panas 무심 빠나스 여름

□ musim dingin 무심 딩인 겨울

□ musim gugur 무심 구구르 가을

관련 단어

□ musim kemarau 무심 꺼마라우 건기
□ musim hujan 무심 후잔 우기
□ empat musim 음빳 무심 사계절

bulan 불란 월

- ☐ bulan Januari 불란 자누아리 1월
- ☐ bulan Februari 불란 훼부르아리 2월
- ☐ bulan Maret 불란 마렡 3월
- ☐ bulan April 불란 아쁘릴 4월
- ☐ bulan Mei 불란 메이 5월
- ☐ bulan Juni 불란 주니 6월
- ☐ bulan Juli 불란 줄리 7월
- ☐ bulan Agustus 불란 아구스뚜스 8월
- ☐ bulan September 불란 쎕템버르 9월
- ☐ bulan Oktober 불란 옥또버르 10월
- ☐ bulan November 불란 노벰버르 11월
- ☐ bulan Desember 불란 데셈버르 12월

Dialogue

A: Suka musim apa?
수까 무심 아빠?
무슨 계절을 좋아하세요?

B: Suka musim gugur.
수까 무심 구구르.
가을을 좋아합니다.

A: Ah, saya juga.
아, 사야 주가.
그래요? 저도 그래요.

hari khusus 하리 꾸수스 특별한 날

□ **hari ulang tahun**

하리울랑 따훈 생일

□ **Hari Imlek** 하리 임렉 설날

Kalau hari Imlek, saya mudik ke kampung.

깔라우 하리 임렉, 사야 무딕 꺼 깜뿡.

설이면 나는 고향에 간다.

□ **Hari Raya *Chuseok*** 하리 라야 추석 추석

Pada Hari Raya Chuseok semuanya subur.

빠다 하리 라야 추석, 스무아냐 수부르.

추석에는 모든 것이 풍요롭다.

□ **Hari Natal** 하리 나딸 성탄절

Marilah kami bertemu besok Hari Natal.

마릴라 까미 버르떠무 베속 하리 나딸.

우리 내일 크리스마스 이브에 만나자.

□ **Hari *Valentain***

하리 발렌타인 발렌타인데이

관련 단어

- ☐ Hari Raya 하리 라야 명절
- ☐ Hari peringatan 하리 쁘링안딴 기념일
- ☐ Tahun Baru 따훈 바루 신년, 새해
- ☐ Hari anak 하리 아낙 어린이날
- ☐ Hari Ayah 하리 아야 아버지의 날(매년 6월 셋째 주 일요일)
- ☐ Hari Ibu 하리 이ㅂ 어머니의 날(매년 5월 둘째 주 일요일)

Hari 하리 요일

- ☐ Hari Minggu 하리 밍구 일요일
- ☐ Hari Senin 하리 스닌 월요일
- ☐ Hari Selasa 하리 슬라사 화요일
- ☐ Hari Rabu 하리 라부 수요일
- ☐ Hari Kamis 하리 까미스 목요일
- ☐ Hari Jumat 하리 주맛 금요일
- ☐ Hari Sabtu 하리 삽뚜 토요일

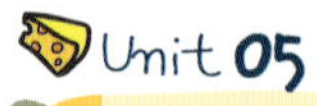

jam 잠 시간

□ jam 잠 시 → □ menit 머닏 분 → □ detik 드띡 초

□ pagi 빠기 아침

Selamat pagi yang segar dan silau!
슬라만 빠기 양 스가르 단 실라우!
햇살이 눈부신 상쾌한 아침이야!

□ petang 뻐땅 정오

□ siang 시앙 낮

□ sore 소레 오후

□ malam hari 말람 하리 저녁

Sudah berjanji akan bertemu dengan teman pada malam hari ini.
수다 버르잔지 아깐 벌뜨무 등안 뜨만 빠다 말람 하리 이니.
오늘 저녁에 친구와 만나기로 했다.

□ malam 말람 밤

□ tengah malam 뜽아 말람 한밤중, 심야

□ pagi-pagi 빠기-빠기 / dini hari 디니 하리 새벽(오전 3~5시)

□ **kemarin dulu** 꺼마린 둘루 그저께

Ayah dan ibu bepergian ke Indonesia pada kemarin dulu.
아야 단 이브 버뻐르기안 꺼 인도네시아 빠다 꺼마린 둘루.
아빠와 엄마는 그저께 인도네시아로 여행을 가셨어요.

□ **kemarin**
꺼마린 어제

□ **hari ini**
하이 이니 오늘

□ **besok**
베속 내일

□ **lusa** 루사 모레

Lusa adalah hari menikah kakak.
루사 아달라 하리 머니까 까까.
모레는 언니가 결혼하는 날이다.

관련 단어

- □ **tanggal** 땅갈 날짜
- □ **hari biasa** 하리 비아사 평일
- □ **akhir minggu** 악히르 밍구 주말
- □ **abad** 아받 세기
- □ **masa lalu** 마사 랄루 과거
- □ **masa kini** 마사 끼니 / **sekarang ini** 스까랑 이니 현재
- □ **masa depan** 마사 드빤 미래
- □ **sekarang** 스까랑 / **kini** 끼니 지금

- ☐ nanti 난띠 나중
- ☐ baru 바루 방금
- ☐ mulai sekarang ini 물라이 스까랑 이니 / sejak sekarang 스작 스까랑 이제부터
- ☐ terus 떠루스 계속, 줄곧
- ☐ kadang-kadang 까당-까당 / ada kalanya 아다 깔라냐 / sekali-sekali 스깔리-스깔리 가끔, 때때로, 이따금
- ☐ kesatu 꺼사뚜 / pertama 뻐르따마 제1, 최초, 첫(번)째
- ☐ pertama 뻐르따마 처음, 최초, 맨 먼저
- ☐ terakhir 떠르악히르 마지막
- ☐ sesaat 스사앋 순간

- ☐ minggu yang lalu 밍구 양랄루 / minggu kemarin 밍구 꺼마린 지난주
- ☐ minggu ini 밍구 이니 이번주
- ☐ minggu depan 밍구 드빤 / minggu yang akan datang 밍구 양 아깐 다땅 다음 주

- ☐ tiap hari 띠압 하리 매일
- ☐ tiap minggu 띠압 밍구 매주
- ☐ tiap bulan 띠압 불란 매월
- ☐ tiap tahun 띠압 따훈 매년

- □ 2:30 pukul setengah tiga 뿌꿀 스뜽아 띠가
- □ 9:05 pukul sembilan lewat lima (menit) 뿌꿀 슴빌란 레왇 리마 (머닏)
- □ 3:15 pukul tiga seperempat 뿌꿀 띠가 스뻐르 음빧
- □ 3:45 pukul tiga lewat empat puluh lima menit
  뿌꿀 띠가 레왇 음빧 뿔루 리마 머닏
- □ 4시 15분 전 pukul empat kurang lima belas (menit)
  뿌꿀 음빧 꾸랑 리마 벌라스 (머닏)

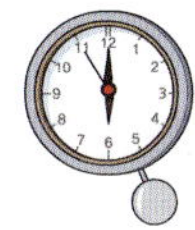

- □ pukul empat pagi
  뿌꿀 음빧 빠기 오전 4시
- □ pukul enam sore
  뿌꿀 으남 소레 오후 6시

A: Ayo, berpiknik dengan saya pada hari Sabtu.
아요, 버르삐끄닉 등안 사야 빠다 하리 삽뚜.
토요일에 나랑 같이 놀러가요.

B: Betul? Mungkin menyenangkan, ya!
버뚤? 뭉낀 머녀낭깐, 야!
정말요? 재미있겠네요!

A: Kapan jemput?
까빤 점풋?
언제 데리러 갈까요?

B: Datanglah kira-kira jam sepuluh.
다땅라 끼라-끼라 잠 서뿔루.
오전 10시쯤 데리러 와 주세요.

연습문제

Self Test

1 다음 숫자를 인도네시아어로 적어보세요.

a) 14 ________________ b) 67 ________________

c) 134 ________________ d) 2233 ________________

2 다음 단어의 뜻을 우리말로 적어 보세요.

luas ________________ berat ________________

jarak ________________ tinggi ________________

3 다음 그림을 인도네시아단어와 연결시키세요.

• • • •

• • • •

bentuk segi tiga | bentuk segi empat sama sisi | lingkaran | bentuk segi lima

4 다음 빈칸에 알맞은 인도네시아어를 써넣어 보세요.

a) 인도네시아의 건기는 5월부터 10월까지이다.

_______ di Indonesia adalah sejak _______ sampai _______.

b) 수요일 ____________ 토요일 ____________

c) ________(어제) — hari ini(오늘) — ________(내일)

d) pagi(아침) — siang(정오) — ________(오후) —

________ (저녁) — malam(밤)

e) _______(지금) _______(나중에) _______(영원히) _______(매일의)

5 다음 시간을 인도네시아어로 써보세요.

a) 2:15 ____________ b) 2시 8분 전 ____________

c) 8시 정각 ____________ d) 9시 반 ____________

정답

1 a) empat belas b) enam puluh tujuh c) seratus tiga puluh empat
d) dua ribu tiga ratus tiga puluh tiga

2 넓이 무게 거리 높이

3 원–lingkaran 삼각형–bentuk segi tiga
정사각형–bentuk segi empat sama sisi 오각형–bentuk segi lima

4 a) Musim kemarau, bulan Mei, bulan Oktober
b) hari Rabu, hari Sabtu c) kemarin, besok
d) sore, waktu subuh e) sekarang, nanti, saat, setiap hari

5 a) Jam dua lewat seperempat / Jam dua lewat lima belas menit
b) Jam dua kurang delapan menit c) Jam delapan tepat
d) Jam setengah sepuluh

THEMATIC INDONESIA WORDS

Theme 4

kota 꼬따 도시

- Unit 01 dalam kota 시내
- Unit 02 kantor pos 우체국
- Unit 03 rumah sakit 병원
- Unit 04 apotek 약국
- Unit 05 penyakit 질병
- Unit 06 bank 은행
- Unit 07 makanan cepat saji(fast food) 패스트푸드
- Unit 08 restoran 레스토랑
- Unit 09 masakan Indonesia 인도네시아 요리
- Unit 10 bar 술집
- Unit 11 hotel 호텔
- Unit 12 sekolah 학교
- Unit 13 mata kuliah 과목
- Unit 14 kantor polisi 경찰서
- Unit 15 agama 종교

dalam kota 달람 꼬따 시내

□ apartemen 아빠르뜨멘 / rumah susun 루마 수순 아파트

□ sekolah 스꼴라 학교

Terlambat ke sekolah, ayo, cepat bangun!
떠르람받 꺼 스골라, 아요, 쯔빧 방운!
학교에 지각하겠다, 빨리 일어나!

□ plaza 쁠라자 / mal 말 백화점

Itu adalah mal yang baru dibangun.
이뚜 아달라 말 양 바루 디방운.
저게 새로 짓는 백화점 건물이래.

□ kantor polisi
깐또르 뽈리시 경찰서

□ perpustakaan
빠르뿌스따까안 도서관

□ bioskop 비오스꼽 영화관

□ papan iklan
빠빤 이끌란 간판

□ toko 또꼬 / kedai 꺼다이 가게

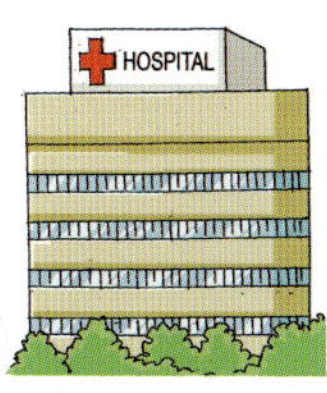

☐ **rumah sakit** 루마 사낃 병원

Terlalu sakit kerongkongan, jadi mau ke rumah sakit.
떠루랄루 사낃 꺼롱꽁안, 자디 마우 꺼 루마 사낃.
목이 너무 아파. 병원에 가 봐야겠어.

☐ **kantor pos** 깐또르 뽀스 우체국

☐ **apotek** 아뽀떽 약국

☐ **gedung tinggi** 거둥 띵기 / **gedung pencakar langit**
거둥 뻰짜까르 랑읻 고층 건물

☐ **gedung** 거둥 빌딩

☐ **museum** 무세움 박물관

☐ **galeri** 갈러리 미술관

☐ **pabrik** 빠브릭 공장

☐ **toko buku** 또꼬 부꾸 서점

☐ **pertokoan barang elektronik** 뻐르또꼬안 바랑 엘렉뜨로닉 전자상가

☐ **stasiun kereta api** 스따시운 꺼레따 아삐 기차역

☐ **jembatan layang** 즘바딴 라양 육교

☐ **pohon pinggir jalan** 뽀혼 삥기르 잘란 /
pohon penghias jalan 뽀혼 뻥히아스 잘란 가로수

☐ **poster** 뽀스떠르 포스터

kantor pos 깐또르 뽀스 우체국

□ **pegawai kantor pos**

빼가와이 깐또르 뽀스 우체국 직원

Pegawai kantor pos di loket tiga mendaftar paket saya.

빼가와이 깐또르 뽀스 디 로껫 띠가 먼다후따르 빠껫 사야.

3번 창구의 우체국 직원이 내 소포를 접수했다.

□ **tukang pos** 뚜깡 뽀스 집배원

Tukang pos itu sampai pada waktu yang hampir sama.

뚜깡 뽀스 이뚜 삼빠이 빠다 왁뚜 양 함삐르 사마.

그 집배원은 거의 같은 시간에 도착한다.

□ **perangko**

빼랑꼬 우표

□ **amplop surat**

암쁠롭 수랏 편지봉투

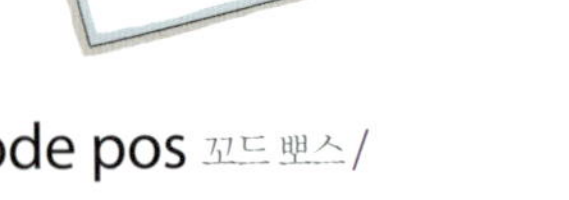

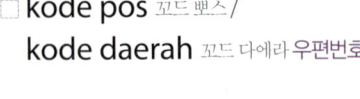

□ **kode pos** 꼬드 뽀스 /
kode daerah 꼬드 다에라 우편번호

□ **hati-hati (menangani)**

하띠-하띠 (머낭안이) 취급주의

□ **surat** 수랏
편지

□ **kotak pos**

꼬딱 뽀스 우체통

관련 단어

- □ loket (nomor~) 로껫 (노모르)~ (~번) 창구
- □ biaya pos 베아야 뽀스 / ongkos pos 옹꼬스 뽀스 우편 요금
- □ alamat 알라맛 주소
- □ cap 짭 소인
- □ pengiriman 뻥이림안 우송
- □ paket 빠껫 소포
- □ pos tercatat 뽀스 떠르짜딴 등기
- □ pos kilat 뽀스 낄랏 속달

A: Apakah kantor pos jauh dari sini?
아빠까 깐또르 뽀스 자우 다리 시니?
우체국이 여기서 멀리 있나요?

B: Dekat sekali, bisa berjalan kaki.
드깟 스깔리, 비사 버르잘란 까기.
아주 가까워요. 걸어갈 수 있어요.

A: Berapa lama dengan berjalan kaki?
버라빠 라마 등안 버르잘란 까끼?
걸어서 얼마나 걸리나요?

B: Kira-kira dua menit.
끼라-끼라 두아 머닏.
2분 정도요.

A: Ya, terima kasih.
야, 뜨리마 까시.
예, 고맙습니다.

rumah sakit 루마 사낃 병원

□ bagian bedah

바기안 버다 외과

□ bagian dalam 바기안 달람 내과

□ bagian gigi

바기안 기기 치과

□ bagian THT (telinga, hidung, tenggorokan)

바기안 떼하떼 (떨링아, 히둥, 떵고록깐) 이비인후과

□ bagian kulit

바기안 꿀릳 피부과

□ bagian bersalin

바기안 버르살린 산부인과

□ bagian anak 바기안 아낙 소아과

Sudah mengunjungi dokter anak karena anaknya sakit.

수다 멍운중이 독떼르 아낙 까레나 아낙냐 사낃.

아이가 열이 나서 소아과에 다녀왔다.

□ **bagian jiwa**

바기안 지와 정신과

□ **dokter** 독떠르 의사

Jangan mengabaikan nasihat dokter untuk beristirahat.

장안 멍아바이깐 나시핫 독떠르 운뚝 버르이스띠라핫.

안정을 취하라는 의사의 말을 무시하지 마세요.

□ **juru rawat** 주루 라왓 /
perawat 뻐라왓 /
(구) **suster** 수스떠르 간호사

Suster memanggil nama saya.

수수떠르 머멍길 나마 사야.

간호사가 내 이름을 불렀다.

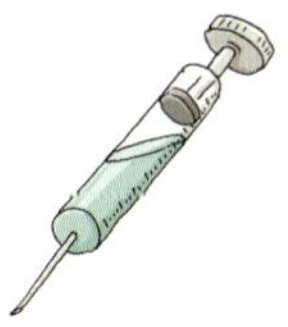

□ **suntikan** 순띡깐 주사

□ **menyuntik [disuntik]**

머뉸띡 [디순띡] 주사를 놓다[맞다]

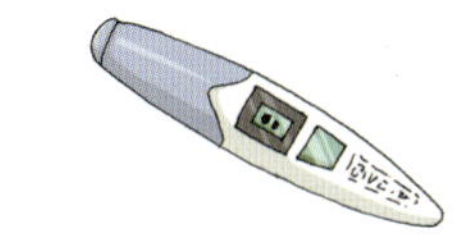

□ **termometer badan**

떼르모메떠르 바단 체온계

□ **kruk** 끄룩 목발

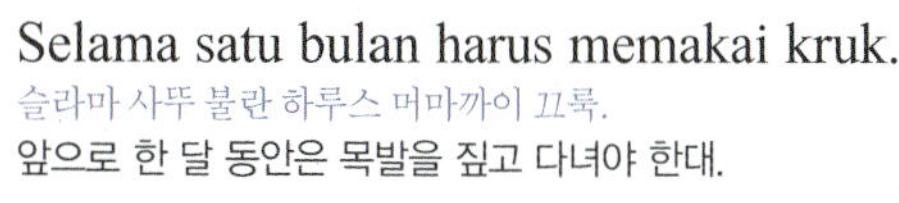

Selama satu bulan harus memakai kruk.

슬라마 사뚜 불란 하루스 머마까이 끄룩.

앞으로 한 달 동안은 목발을 짚고 다녀야 한대.

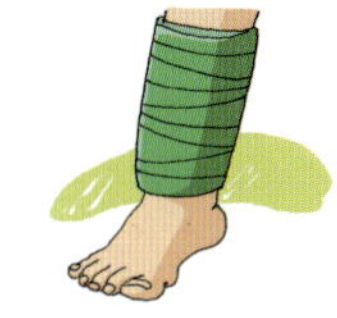

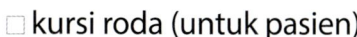

□ **kursi roda (untuk pasien)**

꾸르시 로다 (운뚝 빠시엔) 휠체어

□ **gips** 깁스 깁스

Unit 03 rumah sakit ▸▸▸

관련 단어

- □ bagian ortopedi 바기안 오르또뻬디 정형외과
- □ bagian uriner 바기안 우리너르 비뇨기과
- □ bagian bedah plastik 바기안 버다 쁠라스띡 성형외과
- □ bagian mata 바기안 마따 안과

- □ pertolongan pertama pada kecelakaan(pppk) 뻘르똘롱안 뻐르따마 빠다 꺼쩔라까안 (뻬뻬뻬까) 구급
- □ ambulans 암불란스 구급차
- □ obat PPPK 오밧 뻬뻬뻬까 구급약
- □ kotak obat PPPK 꼬딱 오밧 뻬뻬뻬까 구급상자
- □ anggota tim penyelamat (darurat) 앙고따 띰 뻐녈라맛 (다루랏) (응급) 구조 요원
- □ pasien 빠시엔 환자
- □ memeriksa 머머릭싸 진찰하다
- □ mengobati 멍오빠띠 치료하다
- □ mendesinfeksi 먼데스인훽시 소독하다
- □ menyuntik infus 머는띡 인후스 링거액을 주사하다
- □ mengoperasi 멍오뻐라시 수술하다
- □ surat keterangan dokter 수랏 꺼떠랑안 독떠르 진단서
- □ resep 러셉 처방전
- □ pemeriksaan kesehatan 뻐머릭사안 꺼세핫딴 건강 진단
- □ klinik 끌리닉 개인병원
- □ rumah sakit 루마 사낏 큰 병원, 종합병원

A: Hari ini harus ke klinik bagian mata, cepat datang?
하리 이니 하루스 꺼 끌리닉 바기안 마따, 쯔빧 다땅?
오늘 오후에 안과에 가야 하니, 빨리 와라.

B: Hari ini ada kuliah sampai malam.
하리 이니 아다 꿀리아 삼빠이 말람.
오늘은 수업이 늦게까지 있는데요.

A: Hari ini hari memeriksa badan secara rutin, bagaimana, ya?
하리 이니 하리 머머릭싸 바단 스짜라 루띤, 바가이마나, 야?
오늘이 정기적으로 진찰받는 날인데, 그러면 어떡하지?

B: Bu, boleh menundanya besok dengan menelepon ke klinik (rumah sakit)?
부, 볼레 머눈다냐 베속 등안 머넬레뽄 꺼 끌리닉 (루마 사낃)?
엄마, 병원에 전화해서 내일로 연기하면 안 될까요?

apotek 아뽀떽 약국

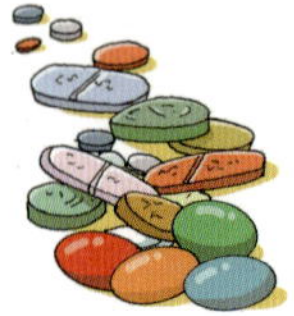

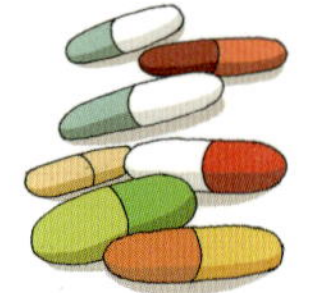

□ **obat pil** 오받 삘 알약

Obat pil relatif enak diminum.
오밧 삘 렐라띱 에낙 디미눔.
알약은 비교적 먹기 편해요.

□ **kapsul** 깝술 캡슐

□ **salep** 살렙 연고

Oleskan salep pada luka secara kontinu(terus-menerus).
올레스깐 살렙 빠다 루까 스짜라 꼰띠뉴(떠루스-머너루스).
상처에 꾸준히 연고를 발라 주세요.

□ **obat cair** 오밧 짜이르 물약

Obat cair ini diminum sekali dua sendok.
오밧 짜이르 이니 디미눔 스깔리 두아 센독.
이 물약은 한 번에 두 스푼씩 먹이세요.

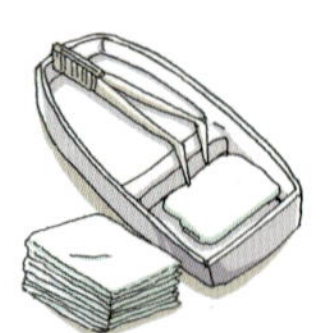

□ **kain kasa** 까인 까사 거즈

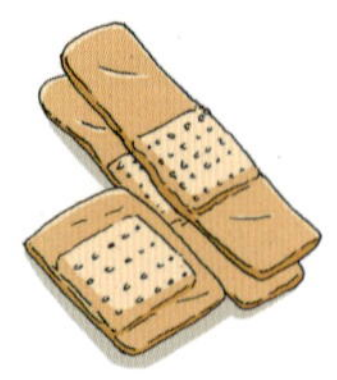

□ **plester** 쁠레스떠르 일회용밴드

관련 단어

- ☐ apoteker 아뽀떼꺼르 약사
- ☐ dosis 도시스 복용량
- ☐ obat dalam 오받 달람 / obat minum 오받 미눔 내복약
- ☐ obat dubur 오받 두부르 좌약
- ☐ obat bius 오받 비우스 진통제
- ☐ obat tidur 오받 띠두르 수면제
- ☐ obat penenang 오받 뻐너낭 진정제
- ☐ antiflogistik 안띠홀로기스띡 소염제
- ☐ obat diare 오받 디아레 실사약, 지사제
- ☐ infus larutan garam 인후스 라룯딴 가람 생리 식염수
- ☐ kain pembalut 까인 뻠발룯 / perban 뻐르반 붕대
- ☐ pembalut elastis 뻠발룯 엘라스띠스 압박붕대
- ☐ plester pita 플레스터르 삐따 반창고
- ☐ kapas 까빠스 솜
- ☐ efek samping 에훽 삼삥 부작용

A: Boleh minta obat bius?
볼레 민따 오받 비우스?
이 진통제 좀 주세요?

B: Kalau mau membeli obat ini, perlu resep dari dokter.
깔라우 마우 멈벌리 오받 이니, 뻐를루 러셉 다리 독떠르.
이 약을 사시려면 의사의 처방전이 있어야 해요.

penyakit 뻐냐낏 질병

□ **sakit kepala** 사낏 꺼빨라 두통

Karena kepalanya sakit parah, tidak bisa konsentrasi.

까레나 껄빨라냐 사낏 빠라, 띠닥 비사 꼰센뜨라시.

두통이 심해서 정신을 차릴 수가 없다.

□ **demam** 드맘 / **panas badannya** 빠나스 바단냐 열이 나다

□ **muntah** 문따 구토하다

Makan siangnya mampat jadi muntah.

마깐 시앙냐 맘빳 자디 문따.

점심 먹은 게 체해서 구토를 한다.

□ **batuk** 바뚝 기침

□ **bersin** 버르신 재채기

□ **influenza** 인훌루엔자 감기 / **masuk angin** 마숙 앙인 코감기 / **flu** 훌루 몸살 감기

□ **demam** 드맘 독감

Dia mangkir hari ini karena demam.

디아 망끼르 하리 이니 까레나 드맘.

그는 오늘 독감으로 결근했습니다.

□ **darah hidung** 다라 히둥 / **mimisan** 미미산 코피

☐ demam dan menggigil

드맘 단 멍기길 오한이 들다

☐ gigi yang busuk

기기 양 부숙 충치

Aduh, bertambah gigi yang busuk satu lagi.

아두, 버르땀바 기기 양 부숙 사뚜 라기.

아이구, 충치가 또 하나 늘었네!

☐ luka 루까 상처

Mudah-mudahan lukanya bertaut dengan bersih.

무다-무다한 루까냐 버르따웃 등안 버르시.

상처가 깨끗하게 아물어야 할 텐데.

☐ reaksi alergi

레악시 알레르기 알레르기 반응

☐ luka bakar

루까 바까르 화상

☐ lepuh 러뿌 물집

Muncul lepuh pada kaki karena memakai sepatu baru.

문쭐 러뿌 바다 까끼 까레나 머마까이 스빠뚜 바루.

새 신을 신었더니 발에 물집이 생겼다.

☐ darah tinggi

다라 띵기 고혈압

Unit 05 penyakit ▸▸▸

관련 단어

- □ menjadi sakit 먼자디 사낏 병이 나다
- □ virus 비루스 / bakteri 박떼리 병균
- □ kanker 깐꺼르 암
- □ kencing manis 건씽 마니스 / gula darah 굴라 다라 당뇨병
- □ hepatitis 헤빠띠띠스 간염
- □ anemia 아네미아 빈혈
- □ nyeri 녜리 통증
- □ migrain 미그라인 편두통
- □ sakit pinggang 사낏 삥강 요통
- □ obesitas 오베시따스 비만
- □ sakit perut 사낏 뻐룻 복통
- □ keracunan makanan 꺼라쭈난 마깐안 식중독
- □ gangguan pencernaan 강구안 뻔쩌르나안 소화불량
- □ sembelit 슴벌릿 변비
- □ flu burung 훌루 부룽 조류 독감
- □ influenza burung 인훌루엔자 부룽 조류 인플루엔자
- □ diare 디아레 설사
- □ menceret 멘쯔렛 / murus 무르스 / berak-berak 베락-베락 설사하다
- □ pendarahan 뻔다라안 / penumpahan darah 뻐눔빠안 다라 출혈
- □ menjadi buta 먼자디 부따 눈이 멀다
- □ menjadi tuli 먼자디 뚤리 / tidak dapat mendengar 띠닥 다빳 먼둥아르 귀가 들리지 않다

A: **Bagaimana gejala anemia Anda?**
바가이마나 게잘라 아네미아 안다?
빈혈 증세는 좀 어때요?

B: **Ya, seperti biasa.Masa begitu cepat baik (sembuh).**
야, 스뻐르띠 비아사. 마사 버기뚜 쯔빳 바익 (슴부).
그저 그렇죠, 뭐. 금방 좋아질 리가 없잖아요.

A: **Oleh karena itu, minum obat secara teratur untuk sembuh.**
올레 까레나 이뚜, 미눔 오밧 스짜라 떠라뚜르 운뚝 슴부.
그러니 약 좀 잘 챙겨 먹어요.

B: **Saya minum obat dengan teratur; Jangan khawatir!**
사야 미눔 오밧 등안 떠라뚜르; 장안 까와띠르!
잘 먹고 있어요. 걱정하지 마세요!

bank 방 은행

□ karyawan bank

까르야완 방 은행 직원

□ satpam 삳빰 청원 경찰

□ uang kertas

왕 꺼르따스 지폐

□ uang logam

왕 로감 동전

□ jumlah uang

줌라 왕 금액

□ buku (tabungan)

뿌꾸 (따붕안) (예금)통장

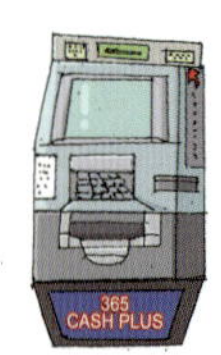

□ ATM 아떼엠

현금 자동 입출금기

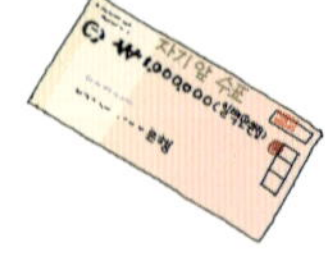

□ cek 쩩 수표

Tolong, buat ini dengan satu helai cek!

똘롱 부앗 이니 능안 사뚜 흘라이 쩩!

수표 한 장으로 만들어 주세요!

□ kartu kredit 까르뚜 끄레딛 신용카드

Kartu kredit hilang.

까루뚜 끄레딛 힐랑.

신용 카드를 분실했어요.

관련 단어

- □ loket kerja 로겟 꺼르자 업무 창구 (~번)
- □ penerimaan dan pembayaran 뻐너리마안 단 뻠바야란 출납
- □ nasabah 나사바 고객(은행)
- □ tabungan 따붕안 저금, 예금
- □ uang pinjaman 왕 삔잠안 대출금
- □ transfer rekning 뜨란스훠르 레끄닝 계좌 이체
- □ nomor rekening 노모르 레끄닝 계좌 번호
- □ nomor pin 노모르 삔 비밀번호
- □ komisi bank 꼬미시 방 은행 수수료
- □ menandatangani 머난다 땅안이 서명하다, 사인하다
- □ kartu debit 까루뜨 드빗 직불 카드
- □ surat pemberitahuan pembayaran perbulan 수랃 뻠버리 따후안 뻠바야란 뻐르뷸란 매월 납부 통지서
- □ membayar 멈바야르 납부하다

Dialogue

A: Halo, ada bank di sekitar sini?
할로, 아다 방 디 스끼따르 시니?
저, 이 근처에 은행이 있나요?

B: Ya, di sana, di sebelah gedung besar itu.
야, 디 사나, 디 스벌라 거둥 버사르 이뚜.
저기 큰 빌딩 바로 옆에 있어요.

A: Terima kasih.
뜨리마 까시.
고마워요.

B: Kembali.
껌발리.
천만에요.

makanan cepat saji(fast food)

마깐안 쯔빧 사지(화스뜨 훗) 패스트푸드

□ donat 도낟 도넛

□ hot dog 핟도그 핫도그

□ kentang goreng

껀땅 고렝 감자튀김, 프렌치프라이

□ ayam goreng 아얌 고렝 프라이드치킨

Ayam goreng di toko ini enak sekali.

아얌 고렝 디 또꼬 이니 에낙 스깔리.

이 집 프라이드치킨 참 맛있어.

□ sandwich 샌드위치 샌드위치

Saya suka sandwich dengan ham.

사야 수까 샌드위치 등안 햄.

나는 햄에그 샌드위치가 좋아요.

□ hamburger

함부르거 햄버거

□ penyedot 쁘녜돋 /

sedotan 스돋딴 빨대

□ *cocacola* 코카콜라 콜라

관련 단어

- ☐ kudapan 꾸답빤 스낵, 분식
- ☐ jajan 자잔 / kudapan 꾸답빤 간식
- ☐ pizza 피자 피자
- ☐ roti panggang 로띠 빵강 토스트
- ☐ minuman 미눔안 음료
- ☐ susu kocok 수수 꼬쪽 밀크셰이크
- ☐ es krim 에스 끄림 아이스크림

- ☐ rasa 라사 맛
- ☐ enak 에낙 맛있다
- ☐ manis 마니스 달콤하다

A: **Mau pesan apa?**
마우 뻐산 아빠?
무엇을 드릴까요?

B: **Minta dua Burger Keju.**
민따 두아 부르거르 께주.
치즈버거 세트 두 개 주세요.

A: **Makan di sini atau dibawa, ya?**
마깐 디 시니 아따우 디바와, 야?
여기서 드실 건가요. 아니면 포장해 가시겠어요?

B: **Makan di sini.**
마깐 디 시니.
먹고 갈 거예요.

restoran 레스또란 레스토랑

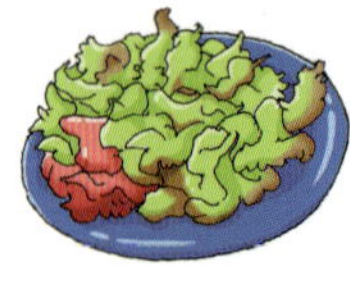

□ sup 숩 수프

Mau makan sup sayuran yang panas.
마우 마깐 숩 사유란 양 빠나스.
따뜻한 야채 수프가 먹고 싶어.

□ steik 스떼이끄 스테이크

□ selada 슬라다 샐러드

□ nasi dengan gulai 나시 등안 굴라이 / nasi dengan kare 나시 등안 까레 카레라이스

Adik saya tidak suka "Nasi dengan Gulai (Kare)".
아딕 사야 띠닥 수까 "나시 등안 굴라이(까레)."
내 동생은 카레라이스를 싫어한다.

□ spageti 스빠게띠 스파게티

Bagaimana spageti untuk makan siang?
바가이마나 스빠게띠 운뚝 마깐 시앙?
오늘 점심으로 스파게티 어때?

□ masakan ikan-ikanan 마삭깐 이깐-이깐안 / hidangan laut 히당안 라운 해산물 요리

Di Indonesia ada banyak masakan ikan-ikanan.
디 인도네시아 아다 바냑 마삭깐 이깐-이깐안.
인도네시아에는 해산물 요리가 많다.

관련 단어

- □ masakan 마삭깐 요리
- □ memesan masakan 머머산 마삭깐 요리를 주문하다
- □ menu untuk anak 메누 운뚝 아낙 어린이 메뉴
- □ hidangan pembuka 히당안 뻠부까 애피타이저
- □ makanan pencuci mulut 마깐안 뻰쭈찌 물룯 디저트
- □ barbekyu 바르베큐 바베큐
- □ nasi goreng omlet 나시 고렝 옴렏 오므라이스
- □ lobster 롭스터 바닷가재

- □ daging sapi 다깅 사삐 쇠고기
- □ daging babi 다깅 바비 돼지고기
- □ daging kambing 다깅 깜빙 양고기
- □ daging ayam 다깅 아얌 닭고기

- □ cukup matang 쭈꿉 마땅 웰던, 잘 익힌
- □ setengah matang 스뜽아 마땅 미디엄, 중간 정도로 익힌
- □ matang sedikit 마땅 스디낃 레어, 살짝만 익힌

- □ pemesanan 뻐머산안 주문
- □ menu 메누 식단, 메뉴
- □ makan 마깐 식사, 끼니
- □ handuk basah 한둑 바사 물수건
- □ bon 본 계산서
- □ pelayan laki-laki 뻘라얀 라끼-라끼 웨이터, 남종업원
- □ pelayan perempuan 뻘라얀 뻐럼뿌안 여종업원

Unit 08 restaurant ▸▸▸

관련 단어

- □ vegetarian 베게따리안 채식주의자
- □ gizi 기지 / nutrisi 누뜨리시 영양
- □ makan kebanyakan 마깐 꺼바냐깐 과식하다
- □ menghidangkan makanan 멍히당깐 마깐안 음식을 제공하다
- □ mengunyah 멍우냐 씹다
- □ enak 에낙 맛있는

- □ pedas 뻐다스 맵다
- □ asam 아삼 / masam 마삼 시다
- □ asin 아신 짜다
- □ pahit 빠힏 쓰다
- □ busuk 부숙 썩다

A: Mau pesan?
마우 빠산?
주문하시겠어요?

B: Minta steik dua.
민따 스테이끄 두아.
스테이크 2인분 주세요.

A: Bagaimana steiknya dimasak?
바가이마나 스테이끄 디마삭.
스테이크는 어떻게 해드릴까요?

B: Minta setengah matang.
민따 스뜽아 마땅.
미디엄으로 해주세요.

masakan Indonesia

마삭깐 인도네시아 **인도네시아 요리**

□ nasi goreng

나시 고렝 **볶음밥**

□ sop buntut

솝 분뚯 **꼬리곰탕**

□ masakan Padang

마삭깐 빠당 **빠당요리**

□ mi ayam 미 아얌 **닭국수**

□ mi goreng

미 고렝 **볶음 국수**

□ bubur ayam

부부르 아얌 **닭죽**

관련 단어

- ☐ sate ayam 사떼 아얌 닭꼬치
- ☐ ayam goreng 아얌 고렝 닭 튀김
- ☐ sate kambing 사떼 깜빙 양고기
- ☐ capcai 짭짜이 야채 볶음
- ☐ tumis kangkung 뚜미스 깡꿍 깡꿍 볶음 (시금치류 볶음)

A: Kami makan apa, ya?
까미 마깐 아빠, 야?
우리 뭐 먹을까?

B: Entahlah, bagaimana makan "sate ayam"
언따라, 바가이마나 마깐 '사떼 아얌'?
글쎄, 사떼 아얌이나 먹을까?

A: Koh, tiap hari makan hanya itu.
꼬, 띠압 하리 마깐 하냐 이뚜.
맨날 그것만 먹니?

B: Tidak tahu apa baiknya. Kalau begitu, kamu mau pesan saja!
띠닥 따후 아빠 바익냐. 깔라우 버기뚜, 까무 마우 뻐산 사자?
뭐 아는 게 있어야지. 그럼 네가 주문해 봐.

bar 바르 술집

□ pramutama bar 뿌라무따마 바루 / bartender 바르뗀더 바텐더

□ koktail 꼭테일 칵테일

Koktailnya tidak cocok dengan selera saya.
꼭떼일냐 띠닥 쪼쪽 등안 슬레라 사야.
칵테일은 내 취향에 맞지 않는다.

□ camilan 짜밀란 / dorongan 도롱안 안주

□ draf bir 드랍 비르 생맥주

Untuk musim panas, cocok dengan draf bir.
운뚝 무심 빠나스, 쪼쪽 등안 드랍 비르.
더운 여름엔 역시 생맥주야.

□ anggur 앙구르 와인

Anggur adalah minuman keras (miras).
앙구르 아달라 미누만 꺼라스(미라스).
와인은 은근히 독한 술이다.

□ air soda 아이르 소다 소다수

□ wiski dengan es 위스끼 등안 에스 온더록스(얼음을 넣고 양주를 부은 것)

관련 단어

- ☐ wiski 위스끼 위스키
- ☐ rum 룸 럼
- ☐ vodka 보드까 보드카
- ☐ jin 진 진
- ☐ jin tonik 진또닉 진토닉
- ☐ bir 비르 맥주
- ☐ syampanye 샴파녀 샴페인
- ☐ mabuk 마북 취하다
- ☐ bersulang 버르술랑 / angkat gelas 앙깥 걸라스 건배

A: Kayaknya kami sudah minum terlalu banyak.
까야냐 까미 수다 미눔 떨랄루 바냑.
우리 너무 많이 마신 거 같아.

B: Belum, ayo, minum bir satu gelas lagi dan pulang.
벌룸, 아요, 미눔 비르 사뚜 걸라스 라기 단 뿔랑.
아니야, 맥주 한잔만 더 마시고 가자.

A: Sudahlah. Sudah mabuk terhuyung-huyung. / Sudah mabuk sempoyongan.
수다라. 수다 마북 떠르후융-후융. / 수다 마북 슴뽀용안.
무슨 소리야. 벌써 취해서 비틀거리면서.

hotel 호뗄 호텔

□ gedung utama 거둥 우따마 본관

□ gedung tambahan

거둥 땀바한 별관

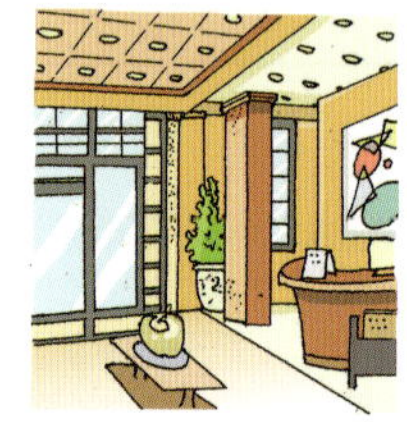

□ lobi 로비 로비

Cepat datang! Sekarang sedang saya tunggu di lobi.

쯔빧 다땅. 스까랑 스당 사야 뚱구 디 로비.

빨리 와. 나 지금 로비에서 기다리고 있어.

□ resepsionis(fron desk)

르셉시오니스 프런트

Halo. Sana gerai resepsi (fron desk)?

할로. 사나 그라이 르셉시?

여보세요. 거기 프런트 데스크죠?

□ cek-in 쩩-인 체크인

□ cek-out 쩩-아웃 체크아웃

Mau cek-out sekarang.

마우 쩩-아웃 스까랑.

지금 체크아웃하려고 하는데요.

☐ kamar dengan tempat tidur singgel

까마르 등안 뜸빡 띠두르 싱겔 1인실, 싱글룸

☐ kamar dengan tempat tidur dobel

까마르 등안 뜸빡 띠두르 도블 2인실, 더블룸

☐ pelayan laki-laki

뻴라얀 라끼-라끼 남종업원

☐ pelayan perempuan

뻴라얀 쁘럼뿌안 여종업원

☐ tip 띱 팁

Terima kasih. Ini tip.

뜨리마 까시. 이니 띱.

고마워요. 이건 팁이에요.

☐ (layanan) servis morning call

(라야난) 세르휘스 '모닝 콜' 모닝콜

Tolong morning call pada jam 6 pagi. / Tolong bangunkan saya pada jam 6 pagi!

똘롱 모닝콜 빠다 잠 으남 빠기. / 똘롱 방운깐 사야 빠다 잠 으남 빠기.

내일 아침 여섯 시에 모닝콜 서비스 부탁합니다.

Unit 11 hotel ▸▸▸

관련 단어

- ☐ berbintang lima 버르빈땅 리마 특급의
- ☐ spesial 스뻬시알 최고급의
- ☐ penitipan barang 뻐니띱빤 바랑 물품 보관소
- ☐ lift 리흐트 / elevator 엘리바또르 엘리베이터
- ☐ koridor 꼬리도르 복도
- ☐ memesan (kamar) 머머산 (까마르) (방을) 예약하다
- ☐ ruang suite 루앙 스윗 스위트룸
- ☐ kamar kosong 까마르 꼬송 빈방

- ☐ melayani perawatan anak 멀라얀이 뻐라완딴 아낙 유아 돌봐드림
- ☐ kasir 까시르 계산대
- ☐ ruang klinik 루앙 끌리닉 의무실
- ☐ penukaran uang 뻐누까란 왕 환전
- ☐ jangan diganggu! 장안 디 강구! 방문사절(문 밖에 걸어놓음)
- ☐ dilarang masuk selain petugas (yang berwenang)!
  딜라랑 마숙 슬라인 뻐뚜가스(양 버르워낭) 관계자 외 출입금지
- ☐ sedang membersihkan kamar 스당 멤버르시깐 까마르 방 청소 중

A: **Mau pesan kamar!**
마우 빠산 까마르!
방을 예약하려고 하는데요!

B: **Ya, kapan mulai menginap?**
야, 까빤 물라이 멍이납?
예, 언제 숙박하실 건가요?

A: **Sejak hari Jumat minggu ini sampai hari Minggu.**
스작 하리 주맛 밍구 이니 삼빠이 하리 밍구.
이번 주 금요일부터 일요일까지요.

B: **Ya, berapa orang?**
야, 버라빠 오랑?
예, 몇 분이십니까?

A: **Empat orang. Boleh pesan dua kamar yang tempat tidurnya dua?**
음빧 오랑. 볼레 빠산 두아 까마르 양 뜸뻗 디두르냐 두아?
네 명인데요. 트윈룸으로 두 개 예약 가능할까요?

B: **Ya, boleh.**
야, 볼레.
네, 가능합니다.

sekolah 스꼴라 학교

1. kelas 껄라스 교실
2. guru 구루 교사
3. murid 무릳 / pelajar 쁠라자르 학생
4. meja 메자 책상
5. kursi 꾸르시 의자
6. buku teks 부꾸 떽스 교과서
7. kantong alat tulis 깐똥 알랏 뚤리스 필통
8. pensil 뻰실 연필
9. karet penghapus 까렛 뻥하뿌스 지우개
10. pensil berwarna 뻰실 버르와르나 색연필
11. penggaris 뻥가리스 자

⑫ globe 글로브 / bola bumi buatan 볼라 부미 부안딴 지구본

⑬ papan pengumuman 빠빤 뻥움움안 게시판

관련 단어

- ☐ taman kanak-kanak 따만 까낙-까낙 유치원
- ☐ sekolah da sar (SD) 스꼴라 다사르 (에스 데) 초등학교
- ☐ sekolah menengah pertama (SMP) 스꼴라 머능아 뻐르따마 (에스 엠 뻬) 중학교
- ☐ sekolah menengah atas (SMA) 스꼴라 머능아 아따스 (에스 엠 아) 고등학교
- ☐ universitas 우니버르시따스 대학교

- ☐ teman kelas 뜨만 스꼴라스 급우, 반 친구
- ☐ pekerjaan rumah (PR) 뻐꺼르자안 루마 (뻬에르) 숙제
- ☐ ujian 우지안 시험
- ☐ pendidikan 뻔디딕깐 교육
- ☐ belajar 벌라자르 공부

- ☐ asrama 아스라마 기숙사
- ☐ perpustakaan 뻐르뿌스따까안 도서관
- ☐ aula 아울라 강당
- ☐ lapangan 라빵안 운동장
- ☐ gimnasium 김나시움 체육관
- ☐ koridor 꼬리도르 복도
- ☐ toilet 또일렛 화장실
- ☐ masuk sekolah 마숙 스꼴라 등교하다
- ☐ pulang sekolah 뿔랑 스꼴라 / bubar sekolah 부바르 스꼴라 하교하다

Unit 13

mata kuliah 마따 굴리아 과목

□ sejarah 스자라 역사

Dia adalah tokoh yang telah muncul di buku pelajaran sejarah.
디아 아달라 또꼬 양 뗄라 문쭐 디 부꾸 뻴라자란 스자라.
그는 이미 역사 교과서에나 나오는 인물이잖아요.

□ bahasa inggris
바하사 잉그리스 영어

□ kimia 끼미아 화학

□ ilmu sains 일무 사인스 과학

Pelajaran sains hari ini adalah peninjauan batang tanaman.
뻴라자란 사인스 하리 이니 아달라 뻐닌자우안 바땅 따나만.
오늘 과학 수업은 식물 줄기 관찰입니다.

□ musik 무식 음악

□ seni lukis 스니 루끼스 미술

Saya suka mata kuliah seni lukis.
사야 수까 마따 꿀리아 스니 루끼스.
나는 미술 과목을 좋아한다.

□ olahraga 올라라가 체육

관련 단어

- ☐ bahasa nasional 바하사 나시오날 국어
- ☐ ilmu sosial 일무 소시알 사회
- ☐ ilmu geologi 일무 게올로기 지리
- ☐ biologi 비올로기 생물
- ☐ matematika 마뗴마띠까 수학
- ☐ filsafat 휠사활 철학
- ☐ mengarang 멍아랑 작문
- ☐ etika 에띠까 / moral 모랄 도덕, 윤리학
- ☐ sejarah dunia 스자라 두니아 세계사
- ☐ ilmu ekonomi 일무 에꼬노미 경제학
- ☐ psikologi 휘씨꼴로기 / ilmu jiwa 일무 지와 심리학
- ☐ ilmi fisika 일무 휘시까 물리학

Dialogue

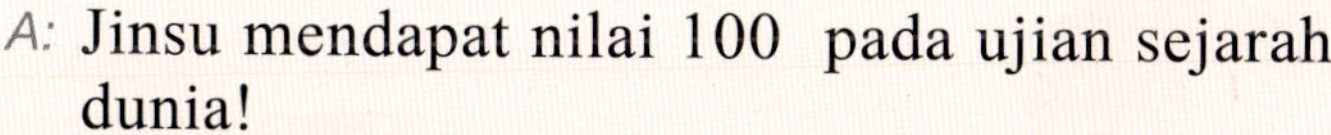

A: Jinsu mendapat nilai 100 pada ujian sejarah dunia!
진수 먼다빧 닐라이 스라뚜스 빠다 우지안 스자라 두니아!
진수는 오늘 세계사 시험 백점 맞았대!

B: Oh. begitu. Kamu nilainya berapa?
오. 버기뚜. 까무 닐라이냐 버라빠?
그래? 넌 몇 점인데?

A: Aduh, malu mengatakannya. Jangan Tanya. Besok ujian matematika saja akan bernilai baik.
아두, 말루 멍아따깐냐. 장안 따냐. 베속 우지안 마떼마띠까 사자 아깐 버르닐라이 바익.
말하기 창피하다. 묻지 마. 내일 수학 시험이나 잘 봐야지.

kantor polisi 깐또르 뽈리시 경찰서

□ **polisi** 뽈리시 경찰

□ **pistol** 삐스똘 권총

□ **pencuri** 뻔쭈리 도둑

Pencuri itu ditangkap pada saat melompati pagar.
뻔쭈리 이뚜 디땅깝 빠다 사안 멀롬빠띠 빠가르.
그 도둑은 담을 넘으려다가 잡혔다.

□ **bukti** 북띠 증거

Dia dibebaskan karena buktinya kurang.
디아 디베바스깐 까레나 북띠냐 꾸랑.
그는 증거 불충분으로 풀려났다.

□ **korban** 꼬르반 희생자

□ **penangkapan** 뻐낭깝빤 체포

Penjahat kasus penculikan ditangkap dalam sehari kemudian.
뻔자핫 까수스 뻔쭐릭깐 디땅깝 달람 스하리 꺼무디안.
유괴 사건의 범인은 하루 만에 체포되었다.

□ **pemukulan** 뻐무꿀란 폭행

관련 단어

- ☐ kantor polisi 깐또르 뽈리시 파출소
- ☐ detektif 데떽띺 형사
- ☐ borgol 보르골 수갑
- ☐ saksi 삭시 목격자
- ☐ alibi 알리비 알리바이
- ☐ penjahat 뻔자핟 범인
- ☐ kejahatan 꺼자하딴 범죄
- ☐ pencopet 뻔쪼뻳 소매치기
- ☐ pencuri kecil 뻔쭈리 꺼찔 좀도둑
- ☐ perampok 뻐람뽁 강도

- ☐ penipuan 뻐니뿌안 사기
- ☐ uang suap (비유)우앙 수압 / amplop 암플롭 뇌물
- ☐ mencuri 먼쭈리 훔치다

Dialogue

A: Apakah perampok itu telah ditangkap?
아빠까 뻐람뽁 이뚜 떨라 디땅깝?
그 강도 사건의 범인은 잡혔대?

B: Belum. Masih belum ada saksi, dan belum menemukan petunjuk (jejak) apapun.
벌룸. 마시 벌룸 아다 삭시, 단 벌룸 머너무깐 뻐뚠죽 (제작) 아빠뿐.
아직. 목격자도 없고, 아무런 단서도 찾지 못했대.

agama 아가마 종교

□ **kuil** 꾸일 절(신전)

Nenek sering pergi ke Kuil untuk bersembahyang kepada Buddaha.
네넥 스링 뻐르기 꺼 꾸일 운뚝 버르슴바햐 꺼빠다 부다.
할머니는 불공 드리러 절에 자주 가신다.

□ **agama Buddha**
아가마 부다 불교

□ **pemeluk agama Buddha**
뻐멀룩 아가마 부다 불교 신자

□ **Kristen** 끄리스뗀 기독교

□ **pemeluk agama Kristen**
뻐멀룩 아가마 끄리스뗀 기독교 신자

□ **gereja** 거레자 교회

□ **Katolik** 까똘릭 천주교

□ **pemeluk agama Katolik**
뻐멀룩 아가마 까똘릭 천주교 신자

Dia orang Katolik yang saleh.
디아 오랑 까똘릭 양 살레.
그 사람 아주 독실한 천주교 신자야.

□ **gereja Katolik**
거레자 까똘릭 성당

□ **masjid**
마스짇 이슬람 사원

관련 단어

- □ dewa 데와 신
- □ Yesus 예수수 / Isya Al Masih 이사 알 마시 예수
- □ Buddha 부다 부처

- □ surga 수루가 / firdaus 휘르다우스 천국
- □ neraka 너라까 지옥
- □ Kitab Suci Kristen (Katolik) 끼땁 수찌 끄리스뗀 (까똘릭) 성경
- □ Kitab Suci Buddha 끼땁 수찌 부다 불경
- □ Alquran 할꾸란 이슬람 경전
- □ Patung Buddha 빠뚱 부다 불상

- □ ibadah 이바다 예배
- □ berdoa 버르도아 기도하다
- □ lagu pemujaan 라구 뻐무자안 찬송가
- □ salib 살립 십자가
- □ misa 미사 미사

- □ pendeta 뻔데따 목사
- □ pastor 빠스또르 신부
- □ biarawati 비아라와띠 수녀
- □ biksu 빅수 승려

- □ agama Islam 아가마 이슬람 이슬람교
- □ agama Hindu 아가마 힌두 힌두교
- □ agama Yahudi 아가마 야후디 유대교

연습문제

Self Test

1 다음 그림을 인도네시아어와 연결시키세요.

bioskop　　perpustakaan　　rumah sakit　　sekolah

2 다음 단어를 우리말로 옮기시오.

a) surat ________　　perangko ________
tukang pos ________　　paket ________

b) dokter ________　　perawat ________
pasien ________　　apoteker ________

c) obat pil ________　　salep ________
demam ________　　masuk angin ________
luka ________　　lepuh ________

3 다음 보기에서 단어를 찾아 넣으시오.

a) menandatangani　uang kertas　nomor pin　tabungan
b) hotdog　hamburger　donat　minuman

a) 지폐 ________　　저금 ________
서명하다 ________　　비밀번호 ________

b) 핫도그 ________　　도넛 ________
햄버거 ________　　음료 ________

4 다음 그림을 인도네시아어와 연결시키세요.

sup   masakan ikan-ikanan   selada   steik   spageti

5 다음을 우리말 혹은 인도네시아어로 바꾸시오.

a) 맥주 ________ koktail ________
anggur ________ 건배 ________

b) 로비 ________ memesan kamar ________
servis morning call ________ 팁 ________

6 다음 보기에서 인도네시아어를 골라 넣으시오.

a) penggaris   buku teks   teman kelas   karet penghapus   kursi
b) matematika   ilmu sains   musik   biologi   sejarah

a) 급우 ________ 자 ________ 지우개 ________
의자 ________ 교과서 ________

b) 역사 ________ 과학 ________ 수학 ________
생물 ________ 음악 ________

7 다음 단어의 뜻을 쓰시오.

a) pencuri ________ pemukulan ________
kejahatan ________ penangkapan ________
bukti ________ mencuri ________

b) Kristen ________ agama Buddha ________
surga / firdaus ________ neraka ________
agama Islam ________ pastor ________

8 다음 빈칸에 적당한 인도네시아어를 넣으세요.

a) Ada ________? 열이 있습니까?

b) Saya ingin membuat ________. 은행 계좌를 만들고 싶어요.

c) Akan saya ________ . (di ________) 내가 예약해 둘게.(식당)

d) Mata pelajaran yang paling saya sukai adalah ________.
내가 가장 좋아하는 과목은 체육입니다.

정답

1 영화관–bioskop 병원–rumah sakit 학교–sekolah 도서관–perpustakaan

2 a) 편지 – 우표 – 집배원 – 소포
b) 의사 – 간호사 – 환자 – 약사
c) 알약 – 연고 – 몸살(열감기) – 감기 들다 – 상처 – 물집

3 a) uang kertas tabungan menandatangani nomor pin
b) hotdog donat hamburger minuman

4 수프–sup 샐러드–selada 해산물요리–masakan makanan laut
스테이크–steik 스파게티–spageti

5 a) bir – 칵테일 – 와인 – angkat gelas
b) lobi – 방을 예약하다 – 모닝콜 서비스 – tip

6 a) teman kelas penggaris karet penghapus kursi buku teks
b) sejarah ilmu sains matematika biologi musik

7 a) 도둑, 폭행, 범죄, 체포, 증거, 훔치다
b) 기독교, 불교, 천국, 지옥, 이슬람교, 신부

8 a) demam b) buku tabungan c) pesan, restoran d) olahraga

Theme 5

➜ transportasi 뜨란스포르따시 교통

kendaraan 껀다라안 탈것

☐ kereta api 꺼레따 아삐
기차, 열차

☐ kereta api ekspres
꺼레따 아삐 엑스쁘레스 고속열차

☐ kendaraan 껀다라안 / mobil 모빌 자동차

☐ bus 부스 버스

☐ kereta api bawah tanah
꺼레따 아삐 바와 따나 지하철

Ayo, naik kereta api di bawah tanah saja karena jalannya macet!
아요, 나익 꺼레따 아삐 디 바와 따나 사자 까레나 잘란냐 마쩻!
길이 막히니 지하철 타고 가자!

☐ mobil konvertibel 모빌 꼰버르띠벌 / mobil yang atapnya terbuka
모빌 양 아땁냐 떠르부까 오픈카

Ya, Mobil yang tutupnya terbuka itu sangat keren!
야, 모빌 양 뚜뚭냐 떠르부까 이뚜 상앗 끄렌!
야! 저 오픈카 멋지다!

☐ truk 뜨룩 트럭

Barangnya banyak, jadi perlu truk.
바랑냐 바냑, 자디 뻐를루 뜨룩.
짐이 너무 많아서 트럭이 있어야 할 거 같아.

□ sepeda motor

스뻬다 모떠르 오토바이

□ skuter 스꾸떠르 스쿠터

Skuter ini pernah dipakai oleh abang.

스꾸떠르 이니 뻐르나 디빠까이 올레 아방.

이 스쿠터는 형이 타던 것이다.

□ sepeda 스뻬다 자전거

Hilang sepeda yang ditaruh di depan rumah.

힐랑 스뻬다 양 디따루 디 드빤 루마.

집 앞에 세워둔 자전거가 없어졌다.

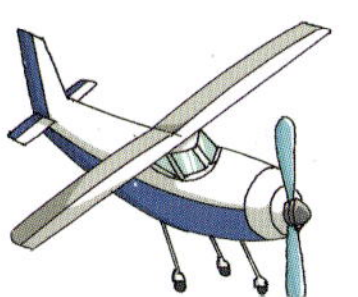

□ pesawat terbang ringan

빠사왓 떠르방 링안 경비행기

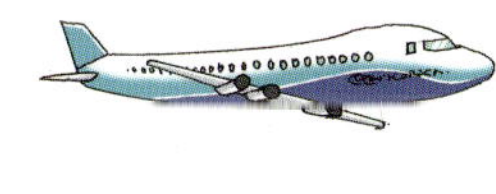

□ kapal terbang

까빨 떠르방 비행기

□ balon terbang

발론 떠르방 기구

□ helikopter

헬리꼽떠르 헬리콥터

□ kapal pesiar

까빨 빼시아르 요트

□ kapal 까빨 배

Kapal ini menuju ke pulau Burung.

까빨 이니 머누주 꺼 뿔라우 부룽.

이 배는 Burung 섬으로 갑니다.

sepeda 스뻬다 자전거

1 **setir** 스띠르 / **gagang kemudi** 가강 꺼무디 핸들

2 **tuas rem** 뚜아스 렘 브레이크 레버

3 **sadel** 사들 안장

4 **rangka** 랑까 / **kerangka** 꺼랑까 프레임

❺ jeruji roda 저루지 로다 바퀴살

❻ ban 반 타이어

❼ rantai 란따이 체인

❽ pedal 뻬달 페달

❾ poros roda 뽀로스 로다 바퀴축

❿ roda gigi 로다 기기 / roda rantai 로다 란따이 기어(톱니바퀴)

⓫ pelek 뻴럭 바퀴테(금속 부분)

관련 단어

- ☐ roda 로다 바퀴
- ☐ pentil ban 뻔띨 반 / dop 돕 공기주입구
- ☐ ban dalam 반 달람 튜브
- ☐ MTB sepeda untuk mendaki gunung 엠떼베 스뻬다 운뚝 먼다끼 구능 / sepeda gunung 스뻬다 구능 산악용 자전거
- ☐ jalan khusus untuk bersepeda 잘란 꾸수스 운뚝 버르스뻬다 자전거전용도로

A: Kayaknya ban sepeda saya kempis.
까야냐— 반 스뻬다 사야 껌삐스.
내 자전거 타이어가 펑크났나 봐.

B: Anginnya cepat bocor.
앙인냐 쯔빧 보쪼르.
금세 바람이 빠지네.

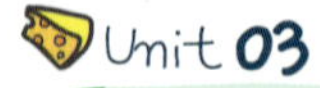

sepeda motor 스뻬다 모또르 오토바이

1. setir 스띠르 핸들
2. kaca spion 까짜 스삐온 백미러
3. tangki bahan bakar 땅끼 바한 바까르 연료탱크
4. jok 족 시트
5. lampu besar 람뿌 버사르 헤드라이트
6. lampu belakang 람뿌 벌라깡 미등

7 knalpot 꺼날뽓 / peredam bunyi 빼르담 부니 배기구

8 pedal 뻬달 페달

9 mesin 머신 엔진

10 ban 반 타이어

11 rem 렘 브레이크

12 pelindung lumpur 뻐린둥 룸뿌르 흙받이

13 jok belakang 족 벌라깡 뒷안장

14 peredam kejut 빼르담 꺼줏 완충장치

- ☐ helm 헬름 헬멧
- ☐ alat pengendali 알랏 뻥언달리 제어장치

A: Wah, keren! Sepeda motor ini baru dibeli?
와, 끄렌! 스뻬다 모또르 이니 바루 디벌리?
야, 멋지다. 이 오토바이 새로 산 거야?

B: Ya, Baru dibeli kemarin.
야, 바루 디벌리 꺼마린.
응. 바로 어제 샀어.

kendaraan / mobil 껀다라안 / 모빌 자동차

1. lampu besar 람뿌 버사르 헤드라이트
2. lampu sen 람뿌 센 / lampu tanda belok 람뿌 딴다 벨록 방향등
3. ban 반 타이어
4. lampu belakang 람뿌 벌라깡 미등
5. cermin spion 쩌르민 스삐온 /
   kaca spion samping 까짜 스피온 삼삥 사이드미러
6. kap mesin 깝 머신 보닛
7. kaca depan 까짜 드빤 앞 유리
8. penyeka kaca 뻐녜까 까짜 와이퍼
9. pelat nomor 뻘랃 노모르 번호판
10. bagasi 바가시 트렁크

1. kaca spion 까짜 스삐온 (차내) 백미러
2. setir 스띠르 / kemudi 꺼무디 핸들
3. klakson 끄락손 경적, 클랙슨
4. rem tangan 렘 땅안 사이드브레이크
5. rem 렘 / pedal rem 뻬달 렘 브레이크
6. pedal gas 뻬달 가스 가속페달
7. papan instrumen 빠빤 인스뚜르멘 계기판
8. penunjuk bahan bakar 뻐눈죽 바한 바까르 / lampu tanda bahan bakar 람뿌 딴다 바한 바까르 연료계
9. pengukur kecepatan 뻥우꾸르 꺼쯔빧딴 속도계
10. pengukur jarak 뻥우구르 자락 (자동차 엔진의) 회전 속도계
11. pengukur putaran mesin 뻥우꾸르 뿌따란 머신 주행기록계

Unit 04 kendaraan / mobil ▶▶▶

관련 단어

- ☐ kantung udara (air bag) 깐뚱 우다라(에어백) 에어백
- ☐ sabuk pengaman 사북 뻥아만 안전벨트
- ☐ lampu darurat 람뿌 다루랏 비상등

- ☐ aki 아끼 / baterai 바뜨라이 배터리
- ☐ oli mesin 올리 머신 엔진오일
- ☐ bengkel mobil 벵껠 모빌 자동차수리센터
- ☐ kempis 껌비스 바람이 빠지다
- ☐ sobek 소벡 (타이어가) 펑크나다
- ☐ tilang 띨랑 위반 통고장
- ☐ SIM (surat izin mengemudi) 심 (수랏 이진 멍어무디) 면허증
- ☐ truk derek 뜨룩 데렉 견인차
- ☐ pelanggaran parkir 뻘랑가란 빠르끼르 주차위반
- ☐ pompa bensin 뽐빠 벤신 주유소
- ☐ bensin 벤신 휘발유
- ☐ solar 솔라르 경유
- ☐ cuci mobil 쭈찌 모빌 세차

A: Saya kira di sekitar sini ada bengkel mobil.
사야 끼라 디 스끼따르 시니 아다 벵껠 모빌.
이 근처에 자동차수리센터가 있었는데.

B: Mengapa?
멍아빠?
왜요?

A: Mau ganti oli mesin.
마우 간띠 올리 머신.
엔진 오일 좀 교환하려고.

A: Tolong periksa mobil ini!
똘롱 뻐릭사 모빌 이니!
차 좀 점검해 주세요!

B: Ada masalah apa?
아다 마살라 아빠?
어떤 문제가 있나요?

A: Persnelingnya kurang baik (lancar). Apalagi, ada bunyi aneh dari mesin.
뻐르스넬링냐 꾸랑 바익 (란짜르) 아빨라기, 아다 부니 아네 다리 머신.
엔진에서 이상한 소리가 나는 거 같고 기어 변속이 잘 안 돼요.

B: Ya. Akan disampaikan.
야. 아깐 디삼빠이깐.
네, 알겠습니다.

Unit 05

jalan 잘란 도로

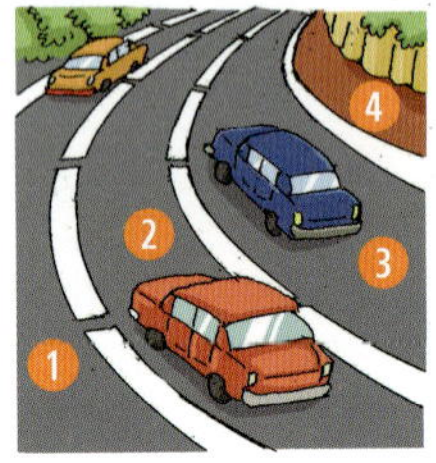

❶ jalur satu 잘루루 사뚜 1차선

❷ jalur dua 잘루루 두아 2차선

❸ jalur tiga 잘루르 띠가 3차선

❹ bahu jalan 바후 잘란 갓길

□ pagar pembatas 빠가르 뻼바따스
가드레일

□ gerbang tol 거르방 똘
도로요금징수소

□ jalan bawah tanah
잘란 바와 따나 지하도

□ jalan layang 잘란 라양
고가도로

□ **satu arah**
사뚜 아라 일방통행로

□ **simpang jalan** 심빵 잘란 교차로

□ **perempatan** 뻐름빤딴 / **jalan simpang empat**
잘란 심빵 음빧 사거리

Ada kecelakaan di perempatan.
아다 꺼쩔라까안 디 뻐름빤딴.
교차로에서 사고가 난 것 같다.

□ **kaki lima** 까끼 리마 인도, 보도

□ **jalan yang belum diaspal**
잘란 양 벌룸 디아스빨 비포장도로

□ **gang** 강 골목

Kalau masuk ke gang ini, itu baru rumah saya.
깔라우 마숙 꺼 강 이니, 이뚜 바루 루마 사야.
이 골목으로 들어가면 바로 우리 집이야.

□ **tempat penyeberangan**
뜸빧 뻐녀버랑안 횡단보도

1 인간
2 가정
3 수
4 도시
5 교통
6 업무
7 쇼핑
8 스포츠/취미
9 자연

☐ **halte bus** 할떠 부스 / **perhentian bus** 뻐르헌띠안 부스 버스정류소

Kami bertemu saja di halte bus pada jam dua.
까미 버르떠무 사자 디 할떠 부스 빠다 잠 두아.
우리 두 시에 버스 정류소에서 만나.

☐ **tempat parkir** 뗌빳 빠르끼르 주차장

Tempat parkirnya penuh, jadi tidak dapat masuk.
뗌빳 빠르끼르냐 뻐누, 자디 띠닥 다빳 마숙.
주차장이 꽉 차서 들어갈 수 없었다.

☐ **rambu-rambu lalu lintas** 람부-람부 랄루 린따스 / **rambu jalan** 람부 잘란 도로표지

☐ **lampu lalu lintas** 람뿌 랄루 린따스 / **lampu merah** 람뿌 메라 신호등

Tunggu sebentar. Kalau lampu hijau, barulah menyeberang.
뚱구 스번따르. 깔라우 람뿌 히자우, 바룰라 머녀버랑.
좀 기다려. 신호등이 켜지면 건너야지.

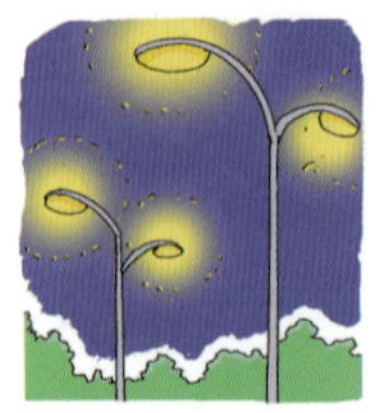

☐ **lampu di jalan** 람뿌 디 잘란 가로등

Lampu di jalan rusak, jadi sekitarnya gelap.
람뿌 디 잘란 루삭, 자디 스끼따르냐 걸랍.
가로등이 고장나서 주변이 어둡다.

관련 단어

- jalan memutar 잘란 머무따르 우회도로
- pembatas tengah 뻠바따스 뜽아 중앙분리대
- laju (kecepatan) terbatas 라주 (꺼쩌빤딴) 떠르바따스 제한속도
- awas! 아와스 / berbahaya 버르바하야 위험
- kecelakaan lalu lintas 꺼쩔라까안 랄루 린따스 / kecelakaan mobil 꺼쩔라까안 모빌 교통사고
- dilarang lalu di jalan 딜라랑 랄루 디 잘란 통행금지
- arah 아라 방향
- macet 마쩻 / kemacetan lalu lintas 꺼마쩻딴 랄루 린따스 교통체증

A: Kira-kira posisi ini telah dekat daerah ramai (pusat pertokoan).
끼라-끼라 뽀시시 이니 떨라 드깟 다에라 라마이 (뿌쌋 뻐르또꼬안).
이쯤에서 번화가가 나올 것 같은데….

B: Di sana ada petunjuk jalan.
디 사나, 아다 뻐뚠죽 잘란.
저기 도로표지가 있어.

A: Sesudah lewat lampu merah, kayaknya belok ke kanan di jalan besar berikut.
서수다 레왓 람뿌 메라, 까야냐 벨록 꺼 까난 디 잘란 버사르 버리꿋.
신호등 지나 다음 큰길에서 우회전하면 되겠다.

B: Nah, di sini betul-betul macet sekali, ya.
나, 디 시니 버뚤-버뚤 마쩻 스깔리, 야.
그런데 여긴 정말 교통체증이 심하구나.

kereta api 꺼레따 아삐 기차

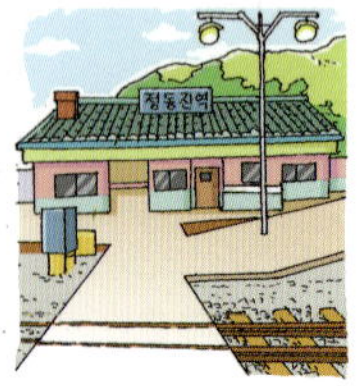

□ **stasiun kereta api** 스따시운 꺼레따 아삐 기차역

Stasiun ramai sekali dengan banyak orang.
스따시운 라마이 스깔리 등안 바냑 오랑.
기차역은 많은 사람들로 북적대고 있었다.

□ **ruang kereta** 루앙 꺼레따 / **ruang dalam gerbong penumpang** 루앙 달람 거르봉 뻐눔빵 객실

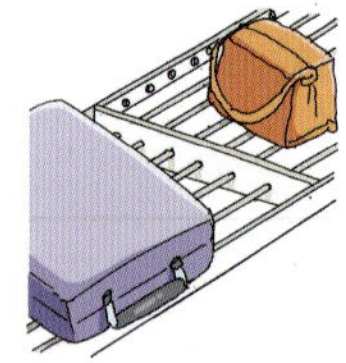

□ **rak (bagasi)** 락 (바가시) 수하물 선반

□ **gerbong tempat tidur** 거르봉 뜸빧 띠두르 침대차

□ **tempat duduk** 뜸빧 두둑 좌석

Kalau bisa, tolong berikan tempat duduk di sebelah jendela.
깔라우 비사, 똘롱 버리깐 뜸빧 두둑 디 스벌라 즌델라.
가능하면 창가 쪽 좌석으로 주세요.

Stasiun kereta api
스따시운 꺼레따 아삐 기차역

□ ruang stasiun 루앙 스따시운 /
ruang tunggu 루앙 뚱구 대합실

Di ruang tunggu, seorang nenek sedang ngantuk.
디 루앙 뚱구 스오랑 네넥 스당 응안뚝.
대합실에서 할머니 한 분이 졸고 계신다.

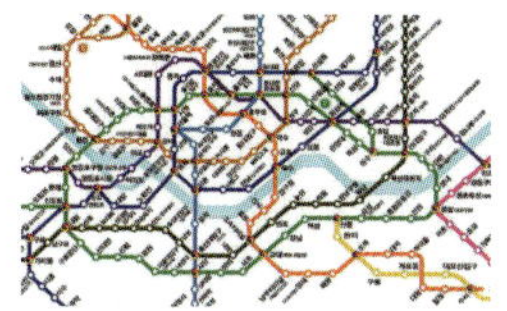

□ peta jalur kereta api
뻬따 잘루르 꺼레따 아삐 노선도

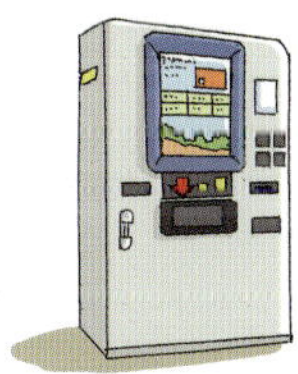

□ mesin penjual karcis
머신 뻔주알 까르찌스 승차권판매기

□ jadwal kereta api
잗드왈 꺼리따 아삐 /
daftar jadwal perjalanan
다프따르 자뜨왈 뻐르잘란안 기차 시간표

□ tempat panduan 뜸빧 빤두안 /
kantor informasi
깐또르 인포르마시 안내소

□ pintu masuk 삔뚜 마숙 입구
□ petugas karcis
뻐뚜가스 까르찌스 검표원

Unit 06 kereta api ▶▶▶

관련 단어

- □ kereta api 꺼레따 아삐 철도
- □ kereta api ekspres 꺼레따 아삐 엑스프레스 급행열차
- □ kereta spesial 꺼레따 스뻬시알 특급열차
- □ kereta makan 꺼레따 마깐 / gerbong makan 거르봉 마깐 식당차
- □ rel kereta api 렐 꺼레따 아삐 선로
- □ loket karcis 로껫 까르찌스 승차권 판매소
- □ tiket satu arah 띠켓 사뚜 아라 편도티켓
- □ tiket bolak balik 띠켓 볼락 발릭 왕복티켓
- □ ongkos (biaya) transportasi 옹꼬스 (비아야) 뜨란스포르따시 교통비
- □ pintu periksa tiket 삔뚜 뻬릭사 띠껫 개찰구
- □ tempat penyimpanan barang hilang 떰빳 뻐님빤안 바랑 힐랑 분실물 센터
- □ kamar bagasi 까마르 바가시 / ruang bagasi 루앙 바가시 / kantor penitipan barang 깐또르 뻐니띠빤 바랑 물품보관소
- □ toilet 또일렛 화장실
- □ pintu keluar 삔뚜 껄루아르 출구
- □ stasiun terakhir 스따시운 떠르악히르 종착역

- □ naik kereta api 나익 꺼레따 아삐 열차를 타다
- □ turun dari kereta api 뚜룬 다리 꺼레따 아삐 열차에서 내리다
- □ mengganti kereta api 멍간띠 꺼레따 아삐 열차를 갈아타다
- □ melewati stasiun tujuan 멀레와띠 스따시운 뚜주안 내릴 역(정거장)을 놓치다

□ menyerahkan (merelakan) tempat duduk
머녀라깐 (머럴라깐) 뜸빳 두둑 자리를 양보하다

□ memegang pegangan 머머강 뻐강안 손잡이를 잡다

□ turun di tengah jalan 뚜룬 디 뜽아 잘란 도중하차

□ kosong 꼬송 비어 있는

□ ramai 라마이 혼잡한

□ kereta api penuh 꺼리따 아삐 뻐누 만원열차

□ ngantuk 응안뚝 졸다

□ mabuk kendaraan 마북 껀다라안 차멀미

□ jam masuk keluar 잠 마숙 껄루아르 / jam sibuk 잠 시북 출퇴근 시간

□ kereta api pertama 꺼레따 아삐 뻐르따마 첫차

□ kereta api terakhir 꺼레따 아삐 떠르악히르 막차

A: Ayo, kita lihat jadwal kereta api!
아요, 끼따 리핫 잗드왈 꺼레따 아삐!
기차 시간표 좀 볼까?

B: Sudahlah, akan saya tanya lagsung kepada bagian informasi.
수달라, 아깐 사야 따냐 랑숭 꺼빠다 바기안 인훠르마시.
내가 안내소로 가서 물어볼게.

pelabuhan 뻴라부한 항구

1. jangkar 장까르 닻
2. radar 라다르 레이더
3. haluan kapal 할루안 까빨 뱃머리
4. dek 덱 갑판
5. ruang kapal 루앙 까빨 선실
6. badan kapal 바단 까빨 선체
7. buritan 부리딴 고물, 선미
8. dek belakang 덱 벌라깡 뒷갑판
9. kapal penumpang 까빨 뻐눔빵 여객선

⑩ pelabuhan 뻴라부한 부두

⑪ mercu suar 머르꾸 수아르 / sinyal maritim 시날 마리띰 등대

⑫ tanggul untuk menahan gelombang
땅굴 운뚝 머나한 걸롬방 방파제

⑬ kargo 까르고 / muatan barang 무앗딴 바랑 화물

⑭ laut 라웃 바다

□ kapal motor
까빨 모또르 모터보트

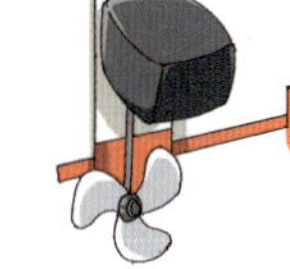

□ baling-baling 발링-발링 프로펠러

□ kapal 까빨 /
perahu 빠라후 배

□ sekoci penolong
스꼬찌 뻐놀롱 구명보트

□ dayung 다융 노

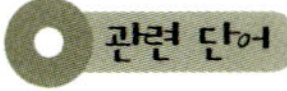

□ ruang mesin 루앙 머신 기관실

□ kemudi 꺼무디 키, 방향키

□ kapal pesiar 까빨 뻐시아르 유람선

□ kapal penangkap ikan 까빨 뻐낭깝 이깐 어선

□ kapal barang 까빨 바랑 / kapal kargo 까빨 까르고 화물선

Unit 08

pesawat terbang 뻐사왇 떠르방 비행기

1. ruang pilot 루앙 삘롣 조종실
2. kabin penumpang 까빈 뻐눔빵 /
   ruang penumpang 루앙 뻐눔빵 객실
3. sayap 사얍 날개

□ pintu darurat 삔뚜 다루랃 비상구

관련 단어

□ toilet 또일렏 화장실

□ kosong 꼬송 비어 있음

□ sedang pakai 스당 빠까이 사용 중

□ kelas utama 껄라스 우따마 일등석

□ kelas bisnis 껄라스 비즈니스 비즈니스석

□ kelas ekonomi 껄라스 에꼬노미 일반석, 이코노미석

lapangan terbang 라빵안 떠르방 공항

□ menara pengendali

머나라 뻥언달리 관제탑

□ pesawat udara (penumpang)

빠사왇 우다라 (뻐눔빵) 여객기

□ pas naik pesawat

빠스 나익 뻐사왇 탑승권

□ pintu naik pesawat

삔뚜 나익 뻐사왇 탑승수속카운터

대한민국
REPUBLIC OF KOREA
여권
PASSPORT

□ paspor 빠스뽀르 여권

Paspor dan pas naik disimpan baik, ya?

빠스뽀르 단 빠스 나익 디심빤 바익, 야?

너 여권이랑 탑승권 잘 챙겼지?

□ ruang tunggu naik pesawat 루앙 뚱구 나익 뻐사왓 탑승구

□ ruang tunggu di lapangan terbang

루앙 뚱구 디 라빵안 떠르방 공항대합실

Unit 08 pesawat terbang ▸▸▸

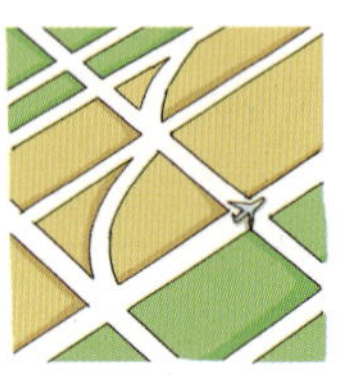

□ landasan pacu

란다산 빠쭈 활주로

□ konveyor bagasi

껀베이요르 바가시 수화물 컨베이어

□ papan informasi penerbangan (keberangkatan, kedatangan)

빠빤 인뽀르마시 뻐너르방안 (꺼버랑깟딴, 꺼다땅안) 도착/출발 표시화면

관련 단어

□ bagasi bawaan dalam ruang pesawat terbang
바가시 바와안 달람 루앙 뻐사왇 떠르방 기내 휴대 수하물

□ troli bagasi 뜨롤리 바가시 / kereta dorongan 꺼레따 도롱안 카트

□ pemeriksaan 뻐머릭사안 검사

□ detektor logam 데떽또르 로감 금속 탐지기

□ loket imigrasi 로껟 이미그라시 /
tempat imigrasi 뜸빳 이미그라시 출입국심사대

□ jalur domestik 잘루르 도메스띡 국내선

□ jalur internasional 잘루르 인떠르나시오날 국제선

□ toko bebas pajak 또꼬 베바스 빠작 면세점

- □ visa 비사 비자, 사증
- □ nomor pesawat 노모르 빠사왇 항공편 번호
- □ karantina 까란띠나 검역
- □ tempat pemesanan (hotel) 뜸빧 빠머산안 (호뗄) 예약카운터
- □ koridor (untuk keberangkatan) 꼬리도르 (운뚝 꺼버랑까딴) (탑승용) 통로
- □ loket pendaftaran bagasi 로껟 뻰다후따란 바가시 수화물 취급소
- □ bea cukai 베아 쭈까이 세관
- □ selimut 슬리뭍 모포
- □ berangkat 버랑깥 출발하다
- □ mendarat 먼다랕 착륙하다
- □ tiba 띠바 도착하다
- □ informasi 인훠르마시 안내
- □ meja depan 메자 드빤 / maja penerima tamu 메자 뻐너리마 따무 (호텔 등의) 접수대

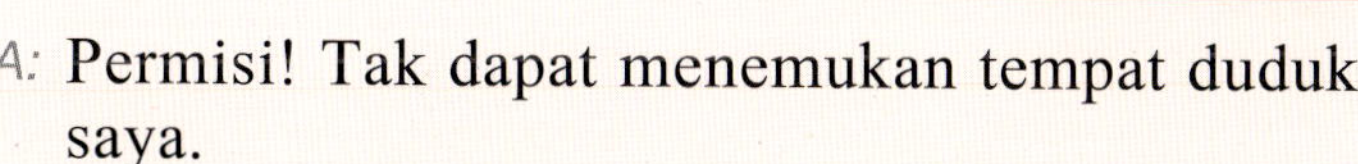

Dialogue

A: Permisi! Tak dapat menemukan tempat duduk saya.
빠르미시! 딱 다빧 머너무깐 뜸빧 두둑 사야.
실례합니다. 제 좌석을 찾을 수가 없네요.

B: Boleh saya lihat pas naik. Tempat duduk ke enam di sebelah koridor.
볼레 사야 리핟 빠스 나익. 뜸빧 두둑 꺼 으남 디 스벌라 꼬리도르.
탑승권을 보여주시겠습니까? 통로쪽 여섯 번째 좌석입니다.

A: Terima kasih.
뜨리마 까시.
감사합니다.

연습문제

Self Test

1 다음 그림을 인도네시아어와 연결시키세요.

sepeda motor	mobil konvertibel	kapal	kapal terbang	kereta api

2 다음 단어를 우리말로 옮기시오.

a) tuas rem ________ rantai ________ setir ________
sepeda ________ sadel ________ pedal ________

b) tangki bahan bakar ________ ban ________
pelindung lumpur ________ knalpot ________

c) SIM ________ penyeka kaca ________
setir ________ klakson ________

d) gang ________ jalan bawah tanah ________
kebahayaan________ persimpangan jalan ________
arah ________

3 다음 보기에서 인도네시아어를 골라 넣으시오.

a) tempat duduk ongkos transportasi kereta api
stasiun terakhir kantor informasi

b) kargo pelabuhan ruang kapal dek angker

a) 좌석 _________ 교통비 _________ 기차 _________
종착역 _________ 안내소 _________

b) 화물 _________ 부두 _________ 선실 _________
갑판 _________ 닻 _________

4 다음 인도네시아어를 우리말로 옮기시오.

pintu darurat _________ pas naik _________
landasan pesawat _________ bea cukai _________
kamar kecil/toilet _________ mendarat _________

5 다음 빈칸에 적당한 인도네시아어를 넣으세요.

a) Ada _________ di sekitar sini? 이 근처에 주차장이 있습니까?
b) Bagaimana kami pergi ke _________ ? 면세점에 가 볼까요?
c) Di mana saya bisa mentransfer _________?
어디에서 버스를 갈아타야 할까요?

1 기차–kereta api 비행기–kapal terbang 오토바이–sepeda motor
오픈카–mobil konvertibel 배–kapal

2 a) 브레이크 레버 – 체인 – 핸들 – 자전거 – 안장 – 페달
b) 연료탱크 – 타이어 – 흙받이 – 배기구
c) 면허증 – 와이퍼 – 핸들 – 경적(클랙슨)
d) 골목 – 지하도 – 위험 – 교차로– 방향

3 a) tempat duduk/ongkos transportasi kereta api stasiun terakhir
kantor informasi
b) kargo pelabuhan ruang kapal dek anker

4 비상구 – 탑승권 – 활주로 – 세관 – 화장실 – 착륙하다

5 a) tempat parkir b) toko bebas pajak c) bus

THEMATIC INDONESIA WORDS

Theme 6

pekerjaan 뻐꺼르자안 업무

pekerjaan 뻐꺼르자안 직업

□ **pramugari**
쁘라무가리 승무원, 스튜어디스

□ **polisi**
뽈리시 경찰관

□ **koki** 꼬끼 / **tukang masak** 뚜깡 마삭 요리사

Apakah koki-koki pintar masak di rumah juga?
아빠까 꼬끼-꼬끼 삔따르 마삭 디 루마 주가?
요리사들은 집에서도 요리를 잘할까요?

□ **penyanyi** 뻐냐니 가수

Penyanyi itu lagunya betul-betul asyik.
뻔냐니 이뚜 라구냐 버뚤-버뚤 아식.
저 가수의 노래는 정말 신나.

□ **dokter** 독떠르 의사

□ **selebriti** 셀리부리띠 연예인

Mengapa begitu ingin tahu mengenai kehidupan pribadi selebriti?
멍아빠 버기뚜 잉인 따후 멍어나이 꺼히두빤 쁘리바디 셀리부리띠?
연예인의 사생활이 왜 그렇게 궁금할까요?

□ **olaragawan**
올라라가완 운동선수

□ tukang roti 뚜깡 로띠 제빵사

□ militer 밀리떼르 / tentara 떤따라 군인

□ aktor 악또르 / aktris 악뜨리스 / bintang film 빈땅필름 탤런트

Bila pemain drama muncul, abang saya sangat senang.
빌라 쁘마인 드라마 문쭐, 아방 사야 상앋 스낭.
저 탤런트만 나오면 우리 오빠는 너무 좋아해.

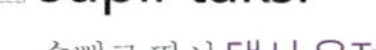

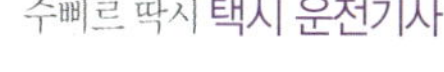

□ supir taksi 수삐르 딱시 택시 운전기사

□ pengajar 뻥아자르 / guru 구루 교사

□ dosen 도센 교수

Kuliah dosen filsafat itu sangat membosankan.
꿀리아 도센 휠사퐡 이뚜 상앋 멤보산깐.
철학 교수의 강의는 정말 지루했다.

□ pengacara 뻥어짜라 / advokat 아드보깟 변호사

Pengacara itu hartanya sangat banyak.
뻥어짜라 이뚜 하르따냐 상앋 반냑.
그 변호사는 재산이 무척 많대.

Unit 01 pekerjaan ▶▶▶

□ **tukang kayu** 뚜깡 까유 목수

□ **petani bunga**

빼따니 붕아 원예사

□ **petani** 빼따니 농부

Ayah saya petani.

아야 사야 빼따니.

우리 아버지는 농부야.

□ **sutradara film**

수뜨라다라 필름 영화 감독

□ **bintang film**

빈땅 필름 배우

□ **musisi** 무시시

음악가

□ **penerjemah** 뻐너르저마 /

interpreter 인떠르쁘레떠르 통역사

Interpreter itu perempuan yang muda dan cantik.

인떠르쁘레떠르 이뚜 뻐럼뿌안 양 무다 단 짠띡.

통역사는 젊고 예쁜 여자였다.

☐ tukang pos 뚜깡 뽀스 집배원

☐ pegawai 뻐가와이 샐러리맨

☐ ibu rumah tangga 이부 루마 땅가 주부

☐ akuntan 아꾼딴 회계사

☐ pegawai bank 뻐가와이 방 은행원

☐ desainer 데사이너 디자이너

☐ novelis 노벨리스 소설가

A: Permisi, pekerjaannya apa?
뻐르미시, 뻐꺼르자안냐 아빠?
실례지만, 어떤 일을 하세요?

B: Saya koki.
사야 꼬끼.
전 요리사입니다.

A: Ah, begitu. Bisakah masakan apa yang dimasak?
아하, 버기뚜. 비아사까 마사깐 아빠 양 디마삭?
아, 그러세요? 주로 어떤 음식을 만드세요?

B: Saya memasak khusus masakan Indonesia.
사야 머마삭 꾸수스 마사깐 인도네시아.
인도네시아 요리를 전문으로 만듭니다.

jabatan 자바딴 직위

☐ presiden 쁘레시덴 / kepala grup 꺼빨라 그룹 회장

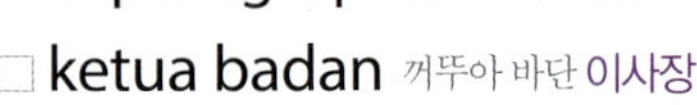

☐ ketua badan 꺼뚜아 바단 이사장

☐ sekretaris 세끄레따리스 비서

☐ atasan 아따산 상사

☐ bawahan 바와한 / anak buah 아낙 부아 부하

☐ wawancara 와완짜라 면접

☐ pewawancara 뻐와완짜라 면접관

☐ responden 레스뽄덴 면접 받는 사람

Saya menjawab pertanyaan dari pewawancara dengan tenang.
사야 먼자왑 뻐르따냐안 다리 뻐와완짜라 등안 뜨낭.
나는 면접관의 질문에 침착하게 대답했다.

☐ rekan 레깐 동료

Hari ini ada acara makan bersama-sama dengan rekan-rekan.
하리 이니 아다 아짜라 마깐 버르사마-사마 등안 레깐-레깐.
오늘 직장 동료들과 회식이 있다.

관련 단어

- ☐ direktur utama 디렉뚜르 우따마 사장, 대표이사
- ☐ wakil direktur utama 와낄 디렉뚜루 우따마 부사장
- ☐ eksekutif 엑서꾸띱 전무
- ☐ direktur 디렉뚜르 상무
- ☐ kepala tim 꺼빨라 띰 부장
- ☐ kepala bagian 꺼빨라 바기안 과장
- ☐ wakil kepala bagian 와낄 꺼빨라 바기안 대리
- ☐ karyawan baru 까르야완 바루 신입직원

- ☐ kantor pusat 깐또르 뿌삿 본사
- ☐ kantor cabang 깐또르 짜방 지사

Dialogue

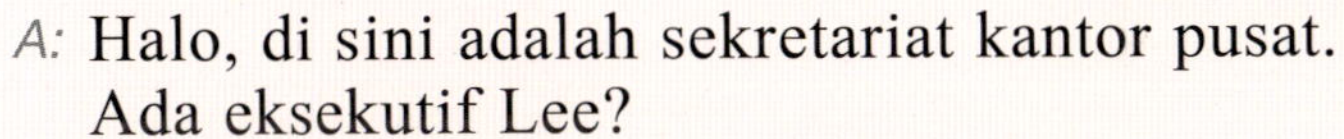

A: Halo, di sini adalah sekretariat kantor pusat. Ada eksekutif Lee?
할로, 디 시니 아달라 세끄레따리앗 깐또르 뿌삿. 아다 엑서꾸띱 리?
여보세요, 여기는 본사 비서실입니다. 이 전무님 계십니까?

B: Maaf, Sekarang sedang rapat.
마압, 스까랑 스당 라빳.
죄송하지만, 지금 회의 중이십니다.

A: Kalau begitu, tolong sampaikan, ketua direksi mencari dia.
깔라우 버기뚜, 똘롱 삼빠이깐, 꺼뚜아 디렉시 먼짜리 디아.
그러면, 회장님이 찾으신다고 전해 주세요.

B: Ya. Akan disampaikan.
야, 아깐 디삼빠이깐.
예, 알겠습니다.

kerja 꺼르자 근로

□ kenaikan pangkat
꺼나이깐 빵깐 승진

□ meninggalkan kantor 머닝갈깐 깐또르 / perusahaan 뻐루우사하안 사직

□ perjalanan dinas
빠르잘라난 디나스 출장

Dia berdinas ke Perancis. / Dia pergi dinas ke Perancis.
디아 버르디나스 꺼 빠란찌스. / 디아 빠르기 디나스 꺼 빠란지스.
그는 프랑스로 출장을 간다.

□ rapat 라빧 회의

Belum makan karena rapat.
벌룸 마깐 까레나 라빧.
회의 때문에 점심도 못 먹었다.

□ cuti 쭈띠 휴가

Karena sibuk, tidak dapat berencana cuti.
까레나 시북, 띠닥 다빧 버른짜나 쭈띠.
바빠서 휴가 계획을 잡을 수 없다.

□ pensiun 뻰시운 연금

Ayah menerima pensiun sesudah berhenti bekerja.
아야 머너리마 뻰시운 서수다 버르헌띠 버꺼르자.
아버지는 퇴직 후 연금을 받으신다.

관련 단어

- ujian wawancara 우지안 와완짜라 / ujian interview 우지안 인떠르비우 면접 시험
- daftar riwayat hidup 다후따르 리와얏 히둡 / biografi 비오그라휘 이력서
- menerima 머너리마 채용하다
- mendapat pekerjaan 먼다빧 뻐꺼르자안 취직하다
- masuk kantor 마숙 깐또르 출근하다
- pulang kerja 뿔랑 꺼르자 / pulang kantor 뿔랑 깐또르 퇴근하다
- bolos 볼로스 / (구) mangkir 망끼르 결근하다
- bermusyawarah 버르무샤와라 협상하다
- Pensiun 뻰시운 퇴직 (정년의)

- kerja 꺼르자 근무
- tugas 뚜가스 업무
- jam kerja 잠 꺼르자 근무 시간
- jam kerja tambahan 잠 꺼르자 땀바한 / lembur 럼부르 초과 근무

- upah 우빠 임금
- gaji bulanan 가지 불란안 월급
- tanggal gajian 땅갈 가지안 / hari gajian 하리 가지안 월급날
- bonus 보누스 보너스

Unit 03 kerja ▶▶▶

관련 단어

- ☐ pekerjaan tetap 빠꺼르자안 떠땁 정규직
- ☐ pekerjaan sementara 빠꺼르자안 스멘따라 임시직
- ☐ pekerjaan bebas 빠꺼르자안 베바스 자유직
- ☐ pekerja lepas 빠꺼르자 르빠스 / pekerja bebas 빠꺼르자 베바스 / pekerja mandiri 빠꺼르자 만디리 프리랜서, 자유직 종사자

Dialogue

A: Saya dengar Anda dipromosikan? Apakah itu benar?
사야 등아르 안다 디쁘로모시깐? 아빠까 이뚜 버나르?
너 승진했다던데. 진짜야?

B: Ya benar.
야 버나르.
응, 그랬어.

A: Selamat atas promosi Anda!
슬라맏 아따스 쁘로모시 안다!
승진 축하해!

B: Terima kasih.
뜨리마 까시.
고마워.

kantor 깐또르 사무실

□ meja kantor 메자 깐또르 사무용 책상

Produk yang mana baik untuk meja kantor?
쁘로둑 양 마나 바익 운뚝 메자 깐또르?
사무용 책상은 어떤 제품이 좋습니까?

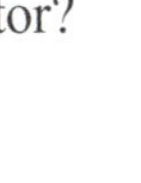

□ mesin fotokopi
머신 훠또꼬삐 복사기

□ laptop 랍똡 노트북 컴퓨터

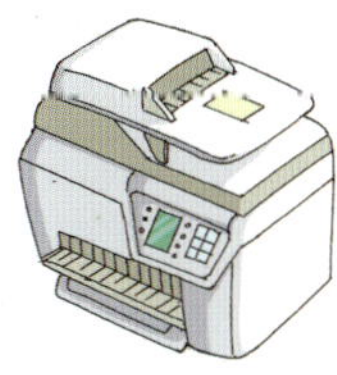

□ faks 팩스 팩스밀리

□ kalkulator saku
깔꿀라또르 사꾸 계산기

□ kalender 깔렌더르 달력

Hyuh, satu halaman kalender dibalik lagi.
휴, 사뚜 할라만 깔렌더르 디발릭 라기.
휴, 달력을 또 한 장 넘겨야겠네.

□ **pesawat telepon**

빠사왓 뗄레뽄 전화기

□ **telepon genggam** 뗄레뽄 긍감 / **telepon seluler** 뗄레뽄 셀룰러르 / **H.P** 하뻬 휴대폰

Wah, itu telepon genggam yang modelnya terbaru, ya.
와우, 이뚜 뗄레뽄 긍감 양 모델냐 뜨르바루, 야.
와, 그거 정말 최신형 휴대폰이구나!

□ **agenda** 아겐다 다이어리

Saya jarang memakai agenda.
사야 자랑 머마까이 아겐다.
나는 다이어리를 잘 쓰지 않는다.

□ **bingkai gambar**

빙까이 감바르 액자

□ **paku payung**

빠꾸 빠융 압정

□ **stapler** 스따쁠러르 스테이플러

Tolong, susun surat-surat ini, lalu menjepitnya dengan stapler.
똘롱, 수순 수랏-수랏 이니, 랄루 먼저삣냐 등안 스따쁠러르.
이 서류들 정리해서 스테이플러로 찍어 주세요.

관련 단어

- ☐ pena permanen 뻬나 뻐르마넨 매직펜
- ☐ bolpoin 볼뽀인 볼펜
- ☐ pena untuk tanda tangan 뻬나 운뚝 딴다 땅안 사인펜
- ☐ cairan penghapus 짜이란 뻥하뿌스 수정액
- ☐ kertas memo 꺼르따스 메모 포스트잇, 메모 용지
- ☐ penjepit kertas 뻔저삣 꺼르따스 클립

A: Saya jengkel, sih(nih)!
사야 젱껠, 시(니)!
짜증나 죽겠어!

B: Ada apa?
아다 아빠?
무슨 일이야?

A: Mesin fotokopi bagian kami rusak Lagi.
머신 뽀또꼬삐 바기안 까미 루삭 라기.
우리 부서 복사기가 또 고장났어.

B: Berapa halaman perlu difotokopi?
버라빠 할라만 뻐를루 디훠또꼬삐?
몇 장을 복사해야 하는데?

A: Empat puluh halaman. Boleh pakai mesin foto kopi ini?
음빧 뿔루 할라만. 볼레 빠까이 머신 훠또 꼬삐 이니?
40장. 여기 복사기 좀 사용해도 될까?

B: Ya. Boleh.
야, 볼레.
응, 그래.

komputer 꼼뿌떠르 컴퓨터

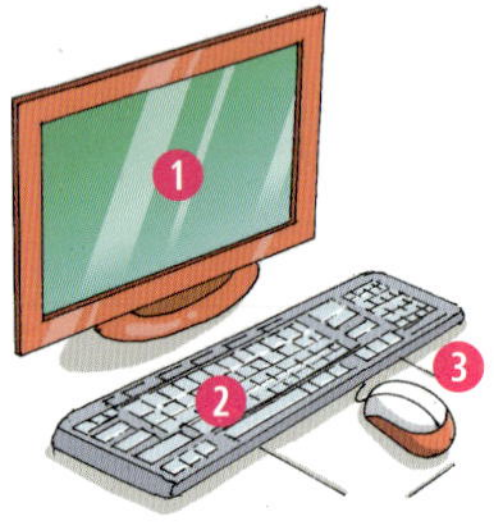

❶ monitor 모니떠르 모니터

❷ papan tombol 빠빤 똠볼 키보드

❸ maus 마우스 / tetikus 떠띠꾸스 마우스

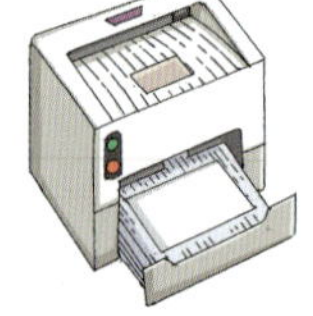

□ mesin pencetak 머신 뻰쩌딱 프린터

□ laptop 랍똡 노트북 컴퓨터

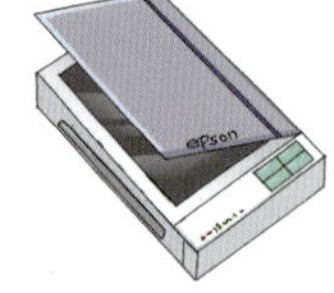

□ pemindai 뻐민다이 스캐너

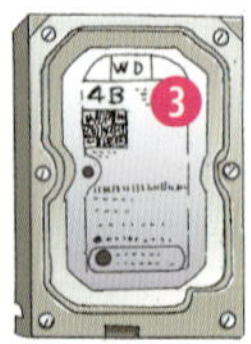

❶ motherboard 마더보드 마더보드

❷ Central Processing Unit *(CPU)* 쎈뜨랄 쁘로쩨싱 우닏 중앙처리장치, CPU

❸ penggerak hard disk 뻥거락 하드 디스끄 하드디스크

관련 단어

- ☐ kursor 꾸르소르 커서
- ☐ ikon 이꼰 아이콘
- ☐ klik 끌릭 클릭하다
- ☐ klik ganda 끌릭 간다 더블클릭하다
- ☐ tarik dan lepas 따릭 단 르빠스 드래그 앤 드롭
- ☐ memasang 머마상 설치하다
- ☐ rekam(-an) cadang 르깜(-안) 짜당 백업하다
- ☐ mati 마띠 다운되다
- ☐ balik awal 발릭 아왈 부팅하다
- ☐ menyimpan 머님빤 저장
- ☐ peningkatan (mutu) 뻐닝깓딴 (무뚜) 업그레이드

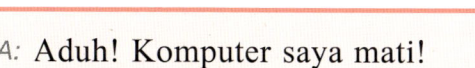

A: Aduh! Komputer saya mati!
아두! 꼼뿌터르 사야 마띠.
어이쿠, 내 컴퓨터가 다운됐어.

B: Ya, terpaksa balik awal kembali.
야, 떠르빡사 발릭 아왈 껌발리.
재부팅할 수밖에 없네.

A: Kalau begitu datanya hilang.
깔라우 버기뚜 다따냐 힐랑.
재부팅하면 데이터가 날아가는데.

B: Sebab itu rajin disimpan.
스밥 이뚜, 라진 디심빤.
그러니까 자주 저장해 줘야 해.

internet 인떠르넽 인터넷

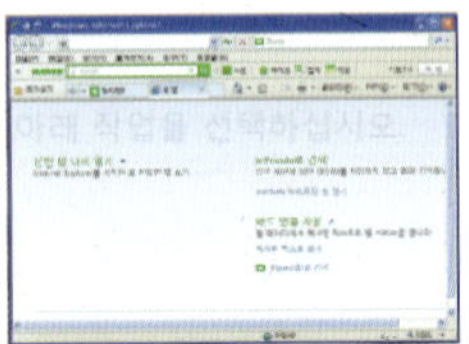

□ *internet explorer*

인떠르넽 엑쓰쁠로레르 인터넷 익스플로러

□ situs (web) 시뚜스 (웹) 웹사이트

Entah, akan mencoba mencari di situs web?
은따, 아깐 먼쪼바 먼짜리 디 시뚜스 웹.
글쎄, 웹사이트에서 찾아볼까?

□ laman*(homepage)*

라만 홈페이지

Perusahaan kami telah diperkenalkan di laman.
뻐루사하안 까미 떨라 디뻐르꺼날깐 디 라만.
저희 회사 홈페이지에 설명되어 있습니다.

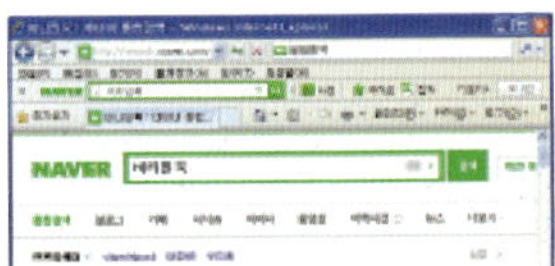

□ pencarian informasi

뻔짜리안 인훠르마시 정보검색

□ iklan tajuk rawal

이끌란 따죽 라왈 배너, 띠 모양의 광고

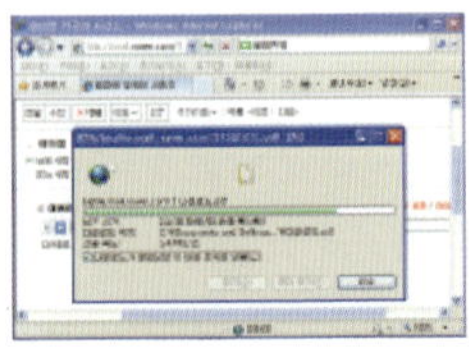

□ menerima data

머너리마 다따 다운로드하다

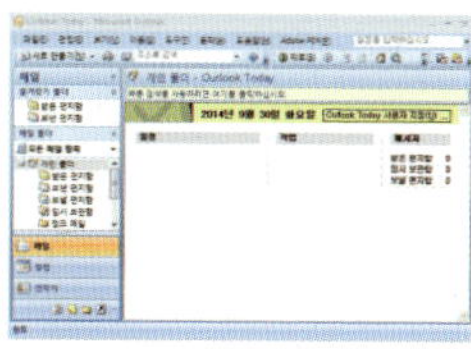

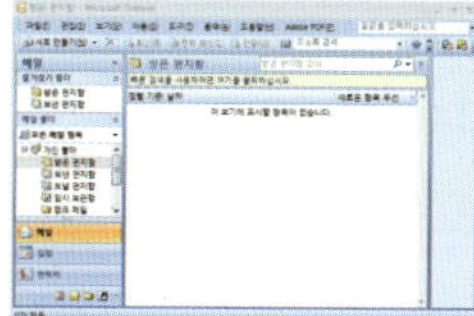

□ **pos-el** 뽀스-엘 / *e-mail* 에 메일 이메일

Sekarang akan saya kirim melalui pos-el.
스까랑 아깐 사야 끼림 믈랄루이 뽀스-엘.
내가 지금 이메일로 보낼게.

□ **kotak surat yang diterima**
꼬딱 수랏 양 디뜨리마 받은 편지함

□ **kotak surat yang dikirim**
꼬딱 수랏 양 디끼림 보낸 편지함

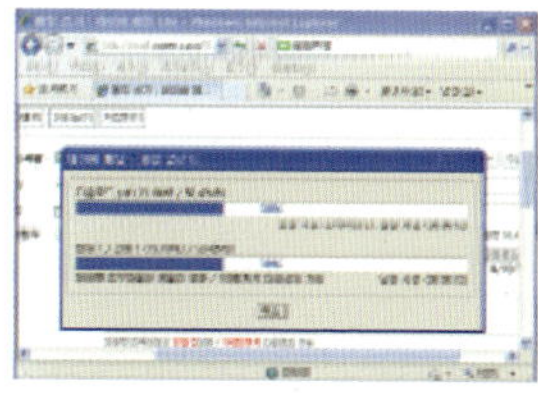

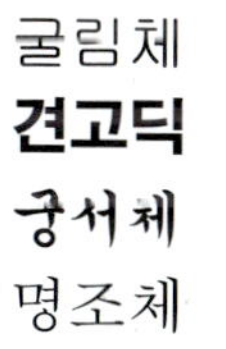

□ **lampiran** 람삐란 첨부

Tolong kabari kembali sesudah membaca fail yang terlampir.
똘롱 까바리 끼발리 서수다 멈바짜 파일 양 떠르람삐르.
첨부 파일을 보시고 다시 연락 주세요.

□ **tipe huruf**
띠뻐 후룹 글꼴

Tipe huruf ini tidak begitu bagus.
띠뻐 후룹 이니 띠닥 버기뚜 바구스.
이 글꼴은 좀 예쁘지가 않아.

□ **mabuk internet**
마북 인터르넷 인터넷 중독

□ **pecandu internet**
뻐짠두 인터르넷 인터넷 중독자

Unit 06 internet

관련 단어

- □ dalam jaringan 달람 자링안 / (daring) *on-line* (다링)온-라인 온라인
- □ domain 도마인 도메인 (주소)
- □ blog 블로그 블로그
- □ situs portal internet 시뚜스 뽀르딸 인떠르넷 인터넷 포털사이트
- □ sering diajukan 스링디 디아주깐 / yang sering ditanyakan 양 스링 디딴야깐 자주 묻는 질문, FAQ (Frequently Asked Question)
- □ komentar 꼬멘따르 대답, 댓글
- □ hacker 해커르 / peretas 뻐러따스 해커

A: Harus mencari di internet tapi komputer saya rusak.
하루스 먼짜리 디 인터르넷 따삐 콤뿌터르 사야 루삭.
인터넷 검색을 해야 하는데, 내 컴퓨터가 고장 났어.

B: Jangan khawatir! Laptop saya akan saya pinjamkan.
장안 까와띠르 랍똡 사야 아깐 사야 삔잠깐.
걱정 마. 내 노트북 빌려줄게.

A: Terima kasih.
뜨리마 까시.
고마워.

komunikasi 꼬무니까시 의사소통

□ bercakap 버르짜깝 대화하다

□ bersalam 버르살람 인사하다

□ saling berkomunikasi
살링 버르꼬무니까시 (사상 · 감정이) 서로 통하다

□ menyatakan cinta
머냐따깐 찐따 고백하다

□ bertengkar
버르떵까르 말다툼하다

□ meminta maaf
머민따 마압 사과하다

관련 단어

- □ logat 로갓 / cara berbicara 짜라 버르비짜라 말투, 말씨
- □ dialek 디알렉 사투리
- □ isyarat 이샤랏 제스처
- □ topik 또삑 화제, 주제
- □ hubungan 후붕안 관계
- □ sikap 시깝 태도
- □ pendapat 뻰다빧 의견
- □ memperkenalkan 멈뻐르꺼날깐 소개하다
- □ undangan 운당안 초대
- □ perhimpunan 뻐르힘뿐안 모임
- □ setuju 서뚜주 찬성하다, 동의하다
- □ melawan 멀라완 반대하다
- □ menerjemahkan 머너르저마깐 번역하다
- □ menginterpretasi 멍인떠르쁘레따시 통역하다

Dialogue

A: Tidak dapat mengerti sikap orang itu sama sekali.
띠닥 다빧 멍어르띠 시깝 오랑 이뚜 사마 스깔리.
그 사람 태도는 도대체 알 수가 없네!

B: Dia telah minta maaf kepada Anda.
디아 떨라 민따 마압 꺼빠다 안다.
너한테 사과한다고 했잖아.

A: Kalau cara meminta maaf seperti begitu, apakah Anda bisa menerima.
깔라우 짜라 머민따 마압 스뻐르띠 버기뚜, 아빠까 안다 비사 머너리마.
그런 식으로 사과하면, 넌 받아들일 수 있겠어!

연습문제

Self Test

1 다음 그림을 인도네시아어와 연결시키세요.

koki petani penyanyi pengajar/guru bintang film

2 다음 단어를 우리말 혹은 인도네시아어로 옮기시오.

a) kepala grup ________ sekretaris ________
신입사원 ________ pewawancara ________
rekan ________

b) masuk kantor ________ 월급 ________
보너스 ________ kerja ________

3 다음 보기에서 인도네시아어를 골라 넣으시오.

a) stapler bolpoin cairan penghapus mesin fotokopi kalkulator saku
b) monitor cursor memasang maus klik

a) 스테이플러 ________ 수정액 ________ 복사기 ________
계산기 ________ 볼펜 ________

b) 클릭하다 ________ 설치하다 ________ 모니터 ________
마우스 ________ 커서 ________

4 다음 단어를 우리말 혹은 인도네시아어로 옮기시오.

a) 배너 ________ domain ________ 온라인 ________
홈페이지 ________ 이메일 ________

b) dialek ________ undangan ________
luar biasa ________ pendapat ________
meminta maaf ________

5 다음 빈칸에 알맞은 단어를 넣으시오.

a) Hari ini ada ________ kerja. 오늘 구직 면접이 있다.
b) ________ saya kadang-kadang mati. 내 컴퓨터는 가끔 다운된다.
c) Tolong ________ selembar kertas ini. 이거 한 장만 복사해줘요.
d) Tolong kirimkan ________ melaui ________ .
이메일로 이력서를 보내주세요.

정답

1 요리사-koki 가수-penyanyi 농부-petani
교사-pengajar/guru 배우-bintang film

2 a) 회장 - 비서 - karyawan baru- 면접관 - 동료
b) 출근하다 - gaji bulanan - bonus - 근무

3 a) stapler cairan penghapus mesin fotokopi kalkulator saku bolpoin
b) klik memasang monitor maus cursor

4 a) iklan tajuk rawal - 도메인 - (daring) on-line -
laman - pos-el/e-mail
b) 사투리 - 초대 - 대화하다 - 의견 - 사과하다

5 a) wawancara b) Komputer
c) memfotokopi d) daftar riwayat hidup, pos-el

THEMATIC INDONESIA WORDS

Theme 7

→ berbelanja 버르벌란자 쇼핑

Unit 01

plaza / mal 쁠라자 / 말 백화점

☐ kasir 까시르 계산원

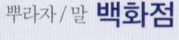

☐ tempat kasir 뜸빧 까시르 계산대

☐ troli belanja

뜨롤리 벌란자 쇼핑 카트

☐ keranjang belanja

꺼란장 벌란자 바구니

Mami, trolinya akan saya bawa.

마미, 뜨롤리냐 아깐 사야 바와.

엄마, 쇼핑카트는 내가 밀고 갈게요.

☐ konsumen 꼰수멘 고객

☐ pelayan 뻴라얀 점원

Sikat giginya di mana? Sebaiknya tanya kepada pelayan.

시깓 기기냐 디 마나. 스바익냐 따냐 꺼빠다 뻴라얀.

칫솔이 어디 있지? 점원에게 물어봐야겠네.

☐ uang logam 우앙 로감 / koin 꼬인 동전

☐ uang kertas

우앙 꺼르따스 지폐

☐ cek 쩩 수표

관련 단어

- ☐ kode batang 꼬드 바땅 바코드
- ☐ etiket harga 에띠껫 하르가 가격표
- ☐ uang tunai 우앙 뚜나이 현금
- ☐ uang kembali 우앙 껌발리 잔돈
- ☐ kartu kredit 까르뚜 끄레딧 신용카드

- ☐ melihat-lihat 멀리핫-리핫 윈도쇼핑
- ☐ merek 메렉 상표, 브랜드
- ☐ hadiah 하디아 선물
- ☐ membungkus 멈붕꾸스 포장하다
- ☐ penjualan obral 뻔주알란 오브랄 바겐세일
- ☐ barang harga khusus 바랑 하르가 꾸수스 특가상품
- ☐ mengembalikan 멍엄발리깐 반품하다

Dialogue

A: Katanya mal sedang menjual obral. Mau berbelanja?
까따냐 말 스당 먼주알 오브랄. 마우 버르벌란자?
백화점에서 바겐세일한다는데, 쇼핑 가지 않을래?

B: Ok, tepat waktunya karena saya harus membeli kado untuk ibu.
오께, 떠빳 왁뚜냐 까레나 사야 하루스 멈벌리 까도 운뚝 이부.
그래. 마침 엄마 선물도 사야 해.

A: Baik. Nanti kira-kira jam dua keluar saja.
바익, 난띠 끼라-끼라 잠 두아 껄루아르 사자.
잘됐네. 이따 두 시쯤 나가자.

□ pakaian wanita

빠까이안 와니따 여성복

□ pakaian pria

빠까이안 뿌리아 남성복

□ kosmetik 꼬스메띡 화장품

Saya kira kosmetik ini mengandung banyak zat minyak.

사야 끼라 꼬스메띡 이니 멍안둥 바냑 잗 미냑.

이 화장품은 유분이 많은 것 같네요.

□ perangkat kantor 뻐랑깓 깐또르 / alat tulis 알랃 뚤리스 문방구

□ mainan 마이난 장난감

Mainan yang mana yang cocok untuk anak berumur lima tahun?

마이난 양 마나 양 쪼쪽 운뚝 아낙 버루우무르 리마 따훈?

다섯 살짜리 사내아이에게 어떤 장난감이 좋을까요?

□ **alat dapur** 알랃 다뿌르 주방용품

Wah, banyak sekali jenis alat dapur, ya?
와우, 반약 스깔리 제니스 알랃 다뿌르, 야?
주방용품 종류가 어쩌면 이렇게도 많으냐?

□ **makanan** 마까난 식품

Mau beli bahan-bahan lauk pauk di bagian makanan.
마우 벌리 바한-바한 라욱 빠욱 디 바기안 마까난.
식품 코너에 가서 반찬거리 좀 사야겠어.

□ **mebel** 메블 / **perabot** 빠라봍 가구

Kita sudah datang begini, ayo lihat-lihat saja mebel sekalian.
끼따 수다 다땅 버기니, 아요 리핟-리핟 사자 메블 스칼리안.
우리 이왕 왔으니 가구도 구경하고 가자.

□ **barang-barang listrik untuk rumah tangga**
바랑-바랑 리스뜨릭 운둑 루마 땅가 가전제품

□ **aneka barang-barang** 아네까바랑-바랑 / **barang-barang umum**
바랑-바랑 움움 잡화

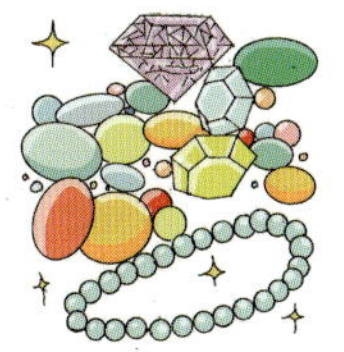

□ **permata** 뻐르마따 보석

 Unit 02

makanan 마깐난 식품

□ roti 로띠 빵

□ beras 버라스 쌀

□ kaleng 깔렝 통조림

□ telur ayam
떨루르 아얌 계란

□ buah-buahan
부아-부아한 과일

□ sayur-sayuran
사유르-사유란 채소

□ susu 수수 우유

□ es krim 에스 끄림 아이스크림

□ jus 주스 주스

Mau minum jus lemon (jeruk limau).
마우 미눔 주스 레몬(저룩 리마우).
시원한 레몬 주스 마시고 싶다.

□ minuman asam karbonat
미누만 아삼 까르보낫 탄산음료

☐ **garam** 가람 소금

☐ **saus tomat** 사우스 또맛 토마토케첩

☐ **sambal** 삼발 고추로 만든 소스

☐ **gula** 굴라 설탕

☐ **minuman** 미누만 음료수

☐ **kue** 꾸에 / **biskuit** 비스꾸잇 과자

☐ **makanan beku** 마까난 버꾸 냉동식품

☐ **minyak goreng** 미냑 고렝 식용유

☐ **tepung terigu** 뜨뿡 뜨리구 밀가루

☐ **saus moster** 사우스 모스떠르 겨자 소스

☐ **kecap asin** 께짭 아신 간장

☐ **bumbu masak** 붐부 마삭 조미료

☐ **cuka** 쭈까 식초

A: Aduh! lupa membeli susu!
아듀! 루빠 멈벌리 수수!
우유 사는 걸 깜빡했네!

B: Akan saya ambil. Susu ada di mana, ya?
아깐 사야 암빌. 수수 아다 디 마나, 야?
내가 가서 가져올게. 우유가 어디에 있더라?

A: Ada di sana, bagian makanan produk susu.
아다 디 사나, 바기안 마까난 쁘로둑 수수.
저쪽 유제품 코너에 있어.

pakaian laki-laki 빠까이안 라끼-라끼 남성복

□ **kemeja** 꺼메자 와이셔츠

□ **baju berkerah** 바주 버르꺼라 / **kaus** 까우스 셔츠

Warna kaus ini bagus(indah) sekali.
와르나 까우스 이니 바구스(인다) 짜깝 스깔리.
이 티셔츠 색깔이 참 멋있다.

□ **pakaian atas**
빠까이안 아따스 상의, 윗도리

Kalau panas, boleh buka pakaian atas (luar).
까라우 빠나스, 볼레 부까 빠까이안 아따스(루아르).
더우면 상의는 벗어도 돼.

□ **parka** 빠르까 점퍼
jaket 자껟 재킷

□ **kaus Polo** 까우스 뽈로 폴로셔츠

□ **sweter** 스웨떠르 스웨터

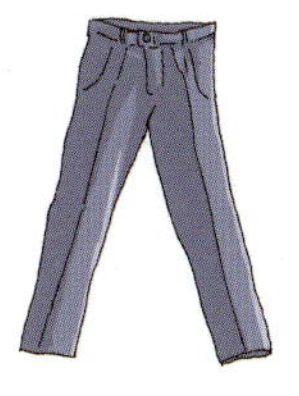

□ celana 쯜라나 바지

□ celana jin
쯜라나 진 청바지

□ celana pendek
쩔라나 뻰덱 반바지

□ pakaian resmi
빠까이안 러스미 정장
Harus mengenakan pakaian resmi?
하루스 멍어나깐 빠까이안 러스미?
정장을 입어야 하나요?

□ pakaian upacara
빠까이안 우빠짜라 예복

□ pakaian olahraga
빠까이안 올라라가 운동복

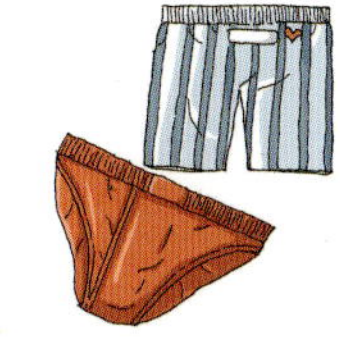

□ celana dalam
쯜라나 달람 팬티

Unit 03 pakaian laki-laki ▸▸▸

관련 단어

- □ *fitting room* 피팅룸 / kamar pas 까마르 빠스 가봉실
- □ rompi 롬삐 조끼
- □ pakaian dalam 빠까이안 달람 속옷
- □ kaus kutang 까우스 꾸땅 / baju tanpa lengan 빠주 딴빠 릉안 민소매
- □ piama 삐아마 잠옷
- □ pakaian sederhana 빠까이안 스데르하나 평상복
- □ jas hujan 자스 후잔 비옷
- □ celana tali selempang 쯜라나 딸리 슬렘빵 멜빵 바지
- □ pakaian ski 빠까이안 스끼 스키복
- □ pakaian renang 빠까이안 르낭 수영복

- □ ketat 꺼딴 타이트하다
- □ longgar 롱가르 헐렁하다

- □ leher lingkaran 레헤르 링까란 라운드 넥
- □ leher V 레헤르 브이 브이넥
- □ kerah baju 꺼라 바주 옷깃
- □ kancing 깐찡 단추
- □ lengan tangan 릉안 땅안 소매

- □ kantong 깐똥 주머니
- □ lapisan 라삐산 안감

- ☐ risleting 레스렐띵 지퍼
- ☐ membuka risleting 멈부까 리스렐띵 지퍼를 열다
- ☐ gantungan pakaian 간뚱안 빠까이안 옷걸이
- ☐ memakai dasi 머마까이 다시 넥타이를 매다
- ☐ mencoba memakai 먼쪼바 머마까이 입어 보다
- ☐ membuka 멈부까 벗다

A: Cari apa?
짜리 아빠?
무엇을 찾으세요?

B: Mau beli sweter satu.
마우 벌리 스웨떠르 사뚜.
스웨터를 하나 사려고 합니다.

A: Bagaimana ini? Ini produk baru.
바가이마나 이니? 이니 쁘로둑 바루.
이건 어떠세요? 신상품이에요.

B: Baik, ya. Ada yang warna hitam.
바익, 야? 아다 양 와르나 히땀.
이걸로 검은색 있나요?

A: Ya, tunggu sebentar.
야, 뚱구 스번따르.
예, 잠깐만 기다려 주세요.

pakaian wanita 빠까이안 와니따 여성복

□ blus 블루스

블라우스

□ rok 록 치마

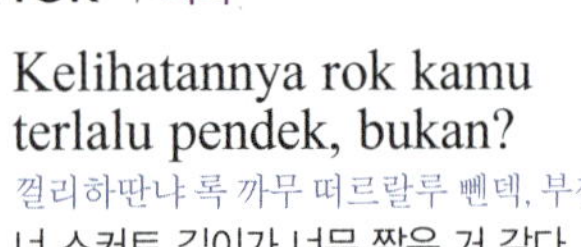

Kelihatannya rok kamu terlalu pendek, bukan?

껄리하딴냐 록 까무 떠르랄루 뻰덱, 부깐?

너 스커트 길이가 너무 짧은 거 같다.

□ baju terusan

바주 떠루산 원피스

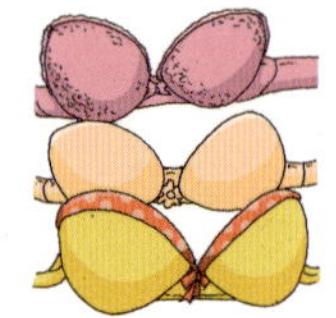

□ bra 브라 /

kutang 꾸땅 브래지어

□ pakaian untuk pesta malam

바께이안 운뚝 뻬스따 말람 야회복

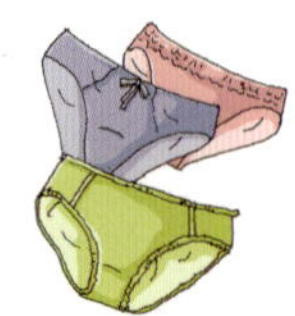

□ celana dalam mini 쯜라나 달람 미니 /

celana dalam berbentuk segi tiga

쯜라나 달람 버르벤뚝 스기 띠가 삼각 팬티

□ kaus kaki celana dalam 까우스 까끼 쯜라나 달람 /

celana ketat 쯜라나 꺼딴 팬티스타킹

관련 단어

- ☐ rok dalam 록 달람 / slip 슬립 슬립, 속치마
- ☐ gaun malam 가운 말람 / piama 삐아마 잠옷, 네글리제
- ☐ korset 꼬르셋 코르셋, 거들
- ☐ stoking 스토킹 스타킹

- ☐ risleting 리슬레띵 지퍼
- ☐ renda 렌다 레이스

A: Cari apa?
짜리 아빠?
무엇을 찾으세요?

B: Saya sedang mencari blus untuk isteri saya.
사야 스당 먼짜리 블루스 운뚝 이스뜨리 사야.
아내에게 선물한 블라우스를 찾고 있습니다.

A: Bagaimana blus berenda ini?
바가이마나 블르스 버른다 이니?
이 레이스 달린 블라우스는 어떠세요?

B: Ya, itu baik(bagus).
야, 이뚜 바익(바구스).
네, 그게 좋겠습니다.

sepatu dan lain-lain

스빠뚜 단 라인-라인 **신발과 기타**

☐ sepatu dengan hak tinggi

스빠뚜 등안 학 띵기 하이힐

☐ sepatu (kulit) 스빠뚜 (꿀릳) (가죽) 구두

Hari ini pakai sepatu baru, tapi hujan deras, ya.

하리 이니 빠까이 스빠뚜 바루, 따삐 후잔 드라스, 야.

오늘 새 구두를 신었는데, 비가 엄청 오네.

☐ (sepatu) bot

(스빠뚜) 봍 부츠

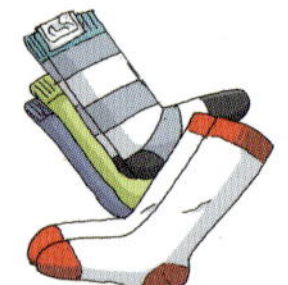

☐ kaus kaki

까우스 까끼 양말

☐ sepatu olahraga

스빠뚜 올라라가 운동화

☐ topi 또삐 모자

☐ topi bisbol 또삐 비스볼 야구 모자

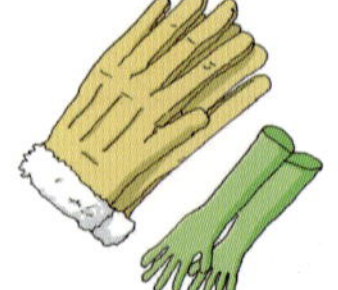

☐ sarung tangan

사룽 땅안 장갑

□ sapu tangan
사뿌 땅안 손수건

□ selendang
슬렌당 스카프

□ dasi 다시 넥타이

관련 단어

□ sandal 산달 샌들
□ sandal 산달 / bakiak 바끼악 / kelom 껄롬 슬리퍼
□ sepatu pendaki gunung 스빠뚜 뻰다끼 구눙 등산화
□ tali sepatu 딸리 스빠뚜 구두끈
□ sendok sepatu 센독 스빠뚜 구두주걱
□ lemari sepatu 르마리 스빠뚜 신발장
□ dasi kupu-kupu 다시 꾸뿌-꾸뿌 나비넥타이
□ ikat pinggang 이깓삥강 / sabuk 사북 벨트
□ kacamata 까짜마따 안경
□ penjepit rambut 뻰저삗 람붇 머리핀
□ ikat rambut 이깓 람붇 머리끈
□ kalung 깔룽 목걸이
□ gelang 글랑 팔찌
□ anting-anting simpai 안띵-안띵 심빠이 거는 귀걸이
□ bros 브로스 브로치
□ cincin 찐찐 반지

kosmetik 꼬스메띡 화장품

□ kulit 꿀릳 스킨

□ alas losion 알라스 로시온 /
alas cair 알라스 짜이르 로션

□ krim bergizi 끄림 버르기지 /
krim bernutrigi 끄림 버르누뜨리기 영양크림

□ bulu mata palsu
불루 마따 빨수 인조 속눈썹

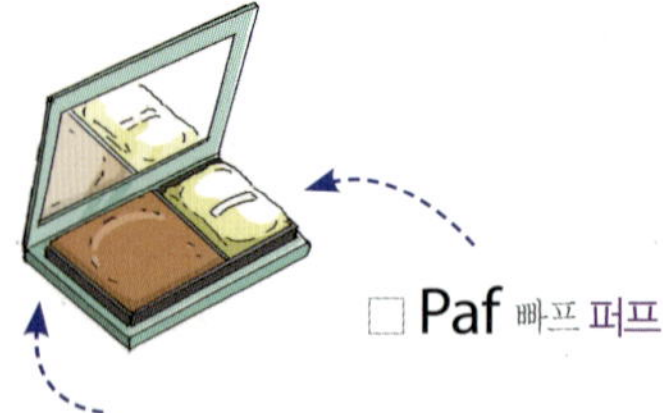

□ Paf 빠프 퍼프

□ bedak padat 버닥 빠닫 콤팩트

□ alas bedak 알라스 버닥 파운데이션

Warna alas bedak ini tidak cocok (sesuai) dengan muka saya.
와르나 아랄스 버닥 이니 띠닥 쪼쪽 (스수아이) 등안 무까 사야.
이 파운데이션 색조는 내 얼굴에 맞지 않는다.

□ maskara
마스까라 마스카라

□ **parfum** 빠르뿜 향수

Bagaimana wangi parfum ini?
바가이마나 왕이 빠르뿜 이니?
이 향수 냄새 어때요?

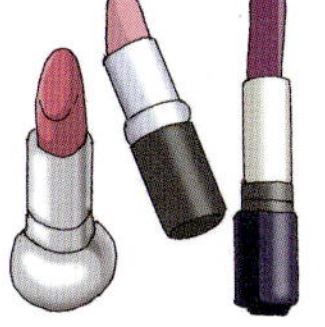

□ **lipstik** 립스띡 / **gincu** 긴쭈 립스틱

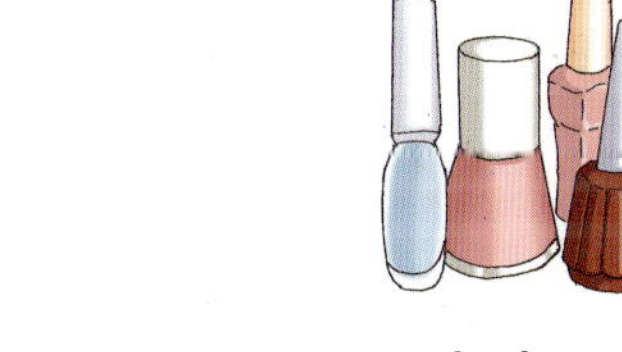

□ **cat kuku** 짯 꾸꾸 / **kuteks** 꾸떽스 매니큐어

□ **tata rias** 따따 리아스 / **berdandan** 버르단단 화장

□ **berdandan** 버르단단 화장하다

Sekarang ini ada banyak wanita yang berdandan di kereta api bawah tanah.
스까랑 이니 아다 바냑 와니따 양 버르단단 디 꺼레따 아삐 바와 따나.
요즘 지하철에서 화장하는 여자들이 많더라.

□ **menyisir** 머니시르 머리를 빗다

1 인간
2 가정
3 수
4 도시
5 교통
6 업무
7 쇼핑
8 스포츠/취미
9 자연

Unit 06 kosmetik ▸▸▸

관련 단어

- □ penepukan pipi 뻐너뿍깐 삐삐 볼터치
- □ perona mata 뻐로나 마따 아이섀도
- □ krim pembersih 끄림 뻼버르시 클렌징크림
- □ krim antiultraviolet 끄림 안띠울뜨라비올렌 선탠 크림
- □ krim penahan ultraviolet 끄림 뻐나한 울뜨라비올렌 / krim anti ultraviolet 끄림 안띠 울뜨라 비올렌 자외선차단크림
- □ sabun mandi 사분 만디 세숫[화장]비누
- □ perawatan kulit 뻐라와딴 꿀릳 피부 미용 관리, 스킨케어
- □ gel rambut 겔 람붇 헤어젤
- □ pengering rambut 뻥어링 람붇 헤어드라이어

A: Bagian kosmetik (ada) di mana?
바기안 꼬스메띡 (아다) 디 마나?
화장품 매장은 어디입니까?

B: Di lantai tiga.
디 란따이 띠가.
3층에 있습니다.

A: Boleh mencoba ini?
볼레 먼쪼바 이니?
이거 써봐도 될까요?

B: Ini sampelnya. Silakan mencoba memakai!
이니 삼뻘냐. 실라깐 먼쪼바 머마까이!
여기 샘플이 있습니다. 써 보세요.

A: Kulitnya tipe apa?
꿀릳냐 띠뻐 아빠?
피부가 어떤 타입이신가요?

B: Kulit saya agak kering.
꿀릳 사야 아각 꺼링.
제 피부는 좀 건조해요.

A: Ini untuk hadiah?
이니 운뚝 하디아?
이거 선물용인가요?

B: Ya, tolong dibungkus.
야, 똘롱 디붕꾸스.
네, 선물 포장해 주세요.

Unit 07

barang listrik untuk rumah tangga

바랑 리스뜨릭 운뚝 루마 땅가 가전제품

□ televisi
뗄레비시 텔레비전

□ kamera video 까메라 비데오 /
kamera perekam 까메라 뻐러깜 캠코더

Ini kamera video yang baru untuk merekam di dalam air.
이니 까메라 비데오 양 바루 운뚝 머레깜 디 달람 아이르.
이건 새로 나온 수중 촬영용 캠코더야.

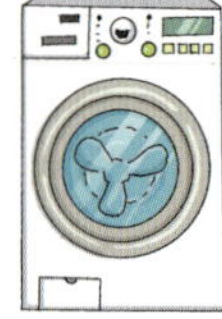

□ mesin cuci 머신 쭈찌 세탁기

Kamu belum bisa menggunakan mesin cuci? / Kamu belum tahu cara menggunakan mesin cuci?
까무 벌룸 비사 멍구나깐 머신 쭈찌? / 까무 벌룸 따후 짜라 멍구나깐 머신 쭈찌?
너, 아직 세탁기 사용법도 모르니?

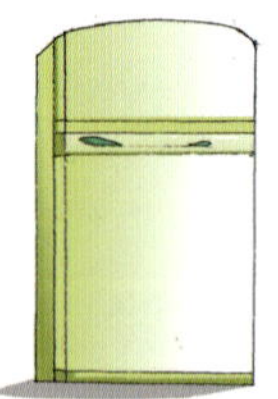

□ kulkas 꿀까스 냉장고

□ AC 아쎄 에어컨

Sebaiknya beli AC yang mana?
스바익냐 벌리 아쎄 양 마나?
에어컨은 어떤 것으로 사면 좋을까요?

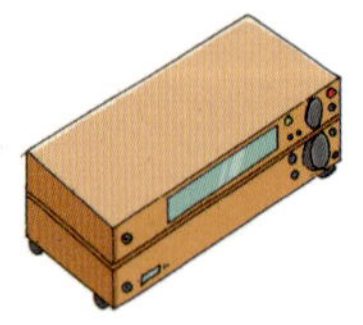

□ perangkat audio
빠랑깟 아우디오 오디오시스템

☐ *rice cooker* 라이스 꾸꺼르 /

panci penanak listrik

빤찌 뻐나낙 리스뜨릭 전기밥솥

rice cooker kini fungsinya sangat banyak.

라이스꾸꺼르 끼니 뿡시냐 상앋 반약.

요즘 전기밥솥은 기능이 무척 다양하다.

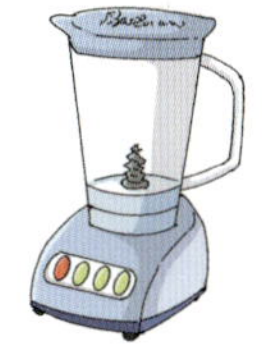

☐ **blender** 블렌더르 믹서

☐ **kompor gas**

꼼뽀르 가스 가스레인지

☐ **setrika listrik**

스뜨리까 리스뜨릭 전기다리미

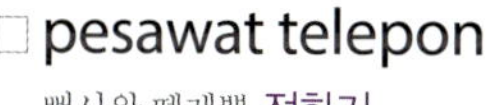

☐ **pesawat telepon**

뻐사왇 뗄레뽄 전화기

☐ **telepon nirkabel**

떼리뻰 니르까벌 무선전화기

Pesawat telepon ini dipakai sangat lama.

뻐사왇 뗄레뽄 이니 디빠까이 상앋 라마.

이 전화기 무척 오래 쓰는구나.

관련 단어

☐ **kipas angin** 끼빠스 앙인 선풍기

☐ **oven gelombang mikro** 오븐 걸롬방 미끄로 전자레인지

☐ **mesin pelembab** 머신 뻘럼밥 가습기

☐ **mesin cuci piring** 머신 쭈찌 삐링 식기세척기

☐ **menghidupkan** 멍히둡깐 켜다

☐ **mematikan** 머마띠깐 끄다

logam mulia 로감 물리아 귀금속

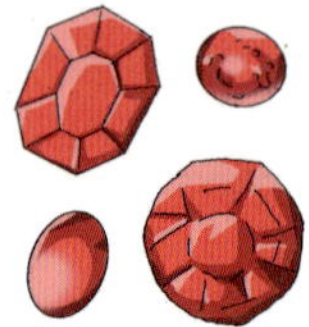

□ **rubi** 루비 / **batu delima** 바뚜 덜리마 루비

Suatu waktu, batu delima buatan pernah lebih mahal.
수아뚜 왁뚜, 바뚜 델리마 부아딴 뻐르나 르비 마할.
한때 인조 루비가 더 비싼 적이 있었다.

□ **mutiara** 무띠아라 진주

Mutiara adalah buatan kerang.
무띠아라 아달라 부안딴 꺼랑.
진주는 조개가 만들어내는 보석이다.

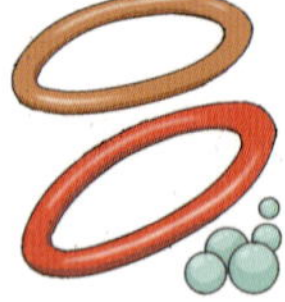

□ **batu giok** 바뚜 기옥 옥

Ada juga cacat di batu giok pun.
아다 주가 짜짯 디 바뚜 기옥 뿐.
옥에도 티가 있다.

□ **safir** 사삐르 사파이어

□ **zamrud** 잠루드 에메랄드

□ **diamond** 디아몬드 다이아몬드

□ **kristal** 끄리스딸 크리스탈

관련 단어

- ☐ permata 빠르마따 보석
- ☐ emas 으마스 금
- ☐ perak 뻬락 은
- ☐ platina 쁠라띠나 / emas putih 으마스 뿌띠 백금
- ☐ ambar 암바르 호박
- ☐ koral 꼬랄 산호
- ☐ topas 또빠스 토파즈, 황옥
- ☐ batu kelahiran 바뚜 끄라히란 탄생석

- ☐ lapisan emas 라삐산 으마스 금도금
- ☐ emas buatan 으마스 부아딴 금으로 만든
- ☐ asli 아슬리 진짜의
- ☐ palsu 빨수 가짜의
- ☐ imitasi 이미따시 모조품

A: Ini betul cincin permata asli?
이니 버뚤 찐찐 빠르마따 아슬리?
이건 진짜 다이아몬드 반지 맞지?

B: Ya, betul. Siapa yang membelikan ini? Cantik, benar kan.
야, 버뚤. 시아빠 양 멈벌리깐 이니? 짠띡, 버나르 깐.
물론! 누가 사준 건데. 정말 예쁘지.

Toko Roti, Kue 또코 로띠, 꾸에 빵집과 제과

☐ **coklat** 쪼끌랏 초콜릿

Katanya coklat 'dak' menangkal penyakit jantung.
까따냐 쪼끌랏 '닥' 머낭깔 뻐냐낏 잔뚱.
다크 초콜릿이 심장병을 예방한다고 한다.

☐ **permen** 뻐르멘 / **gula-gula** 굴라-굴라 사탕

Pernah ada film "pakha satang".
뻐르나 아다 휠름 "박하 사탕".
〈박하사탕〉이라는 영화가 있었지.

☐ **karamel**
까라멜 캐러멜

☐ **biskuit** 비스꾸잇 비스킷

Saya suka biskuit yang tawar.
사야 수까 비스꾸잇 양 따와르.
나는 담백한 비스킷이 좋다.

☐ **keripik kentang**
꺼리삑 껀땅 포테이토칩

☐ **roti spons**
로띠 스뽄스 카스텔라

☐ **kue mangkok**
꾸에 망꼭 머핀

☐ **kue hari ulang tahun**
꾸에 하리 울랑 따훈 생일케이크

관련 단어

- □ permen karet 뻐르멘 까렛 껌
- □ permen mentol 뻐르멘 멘똘 박하사탕
- □ kue panggang 꾸에 빵강 페이스트리
- □ pai 빠이 / pastel 빠스뗄 파이
- □ dekorasi 데꼬라시 장식
- □ potongan 뽀똥안 빵조각
- □ kulit roti 꿀릿 로띠 빵껍질
- □ lilin 릴린 초

A: Bapak, waktu pulang, belikan roti, ya.
바빡, 왁뚜 뿔랑, 벌리깐 로띠, 야.
아빠, 퇴근하실 때 빵 좀 사다 주세요.

B: Ok, roti apa?
오께이, 로띠 아빠?
그래, 무슨 빵?

A: Kebetulan, mau makan roti spons.
꺼버뚤란, 마우 마깐 로띠 스뽄스.
갑자기 카스텔라가 먹고 싶어요.

연습문제

Self Test

1 다음 그림을 인도네시아어와 연결시키세요.

kasir　konsumen　pelayan　uang kertas　koin

2 다음 보기에서 인도네시아어를 골라 넣으시오.

a) alat tulis　permata　makanan　kosmetik　alat dapur
b) minuman　garam　tepung terigu　buah-buahan　roti

a) 문방구 ________　주방용품 ________　식품 ________
보석 ________　화장품 ________

b) 밀가루 ________　소금 ________　음료수 ________
빵 ________　과일 ________

3 다음 단어를 우리말 혹은 인도네시아어로 옮기시오.

a) 스웨터 ________　바지 ________　반바지 ________
조끼 ________　단추 ________

b) 치마 ________　스카프 ________　귀걸이 ________
목걸이 ________　블라우스 ________

c) sepatu olahraga ________　sabuk ________

sarung tangan ________ dasi ________
kaus kaki ________

d) parfum ________ berdandan ________
alas bedak ________ lipstik ________
penepukan pipi ________

4 다음 빈칸에 알맞은 단어를 넣으시오.

a) Bagaimana menghidupkan alat _______? 가습기를 켜시지 그래요?

b) Saya ingin membeli penanak nasi listrik.
나는 __________을 사고 싶다.

c) kebanyakan perempuan suka permata.
대부분의 여자들은 __________을 좋아한다.

d) Ini benar-benar cincin berlian? 이게 진짜 __________ 반지인가요?

e) Saya menyukai matanya yang seperti kristal.
나는 그녀의 __________같은 눈을 사랑한다.

f) Istri membuatkan saya ________ _____ . 아내는 내 생일 케이크를 만들었다.

g) Anak kecil suka gula-gula/permen. 어린이는 _______을 좋아한다.

정답

1 계산원-kasir 점원-pelayan 고객-konsumen 지폐-uang kertas 동전-koin

2 a) alat-alat tulis alat dapur makanan permata kosmetik
b) tepung terigu garam minuman roti buah-buahan

3 a) sweter celana celana pendek rompi kancing
b) rok selendang anting kalung blus
c) 운동화 벨트 장갑 넥타이 양말
d) 향수 화장하다 파운데이션 립스틱 볼터치

4 a) mesin pelembab b) 전기밥솥 c) 보석 d) 다이아몬드
e) 수정 f) tahun g) 사탕

THEMATIC INDONESIA WORDS

Theme 8

olahraga 올라라가 / hobi 호비

스포츠/취미

olahraga 올라라가 스포츠

olahraga pribadi 올라라가 쁘리바디 개인 스포츠

□ boling 볼링 /
bola gelinding 볼라 걸린딩 볼링

□ ski 스끼 스키

□ golf 골프 골프

□ joging 조깅 조깅

□ selancar 슬란짜르 서핑

Olahraga selancar telah menjadi olahraga populer.
올라라가 슬란짜르 떨라 먼자디 올라라가 뽀뿔레르.
서핑은 이미 대중적인 스포츠가 되었다.

□ biliar 빌리아르 당구

□ tenis 떼니스 테니스

☐ tinju 띤주 권투

Pada zaman Romawi, tinju sangat mengerikan.
빠다 자만 로마위, 띤주 상앋 멍어리깐.
로마 시대의 권투는 무시무시했다.

☐ berjalan (jalan-jalan)
버르잘란(잘란-잘란) 걷기(산책)

☐ memancing 머만찡 낚시

관련 단어

☐ berkuda 버르꾸다 승마
☐ skating 스까띵 / senam es 스남 에스 스케이팅(피겨)
☐ perlombaan sepatu luncur balap
빼르롬바안 스빠뚜 룬쭈르 발랍 스케이트(스피드)
☐ sepatu roda 스빠뚜 로다 롤러스케이트
☐ terjun payung 떠르준 빠융 스카이다이빙
☐ penyelam dangkal 뻐녈람 당깔 스쿠버다이빙
☐ papan luncur salju 빠빤 룬쭈르 살주 스노보딩
☐ renang 르낭 수영
☐ mendaki gunung 먼다끼 구눙 등산
☐ kebugaran 꺼부가란 헬스

olahraga beregu 올라라가 버르구 단체 스포츠

□ **sepak bola** 세빡 볼라 축구

Sepak bola disukai seluruh rakyat.
세빡 볼라 디수까이 설루루 라햣.
축구는 국민 모두가 좋아한다.

□ **bisbol** 비스볼 야구

Bisbol adalah olahraga yang paling disukai orang Amerika Serikat.
비스볼 아달라 올라라가 양 빨링 디수까이 오랑 아메리까 스리깟.
야구는 가장 미국적인 스포츠이다.

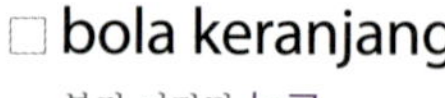

□ **bola keranjang**
볼라 꺼란장 농구

□ **voli** 볼리 배구

□ **arung jeram** 아룽 저람 래프팅

관련 단어

- ☐ hoki 호끼 하키
- ☐ tenis meja 떼니스 메자 탁구
- ☐ hoki es 호끼 에스 아이스하키
- ☐ panahan 빠나한 / seni bermain pedang 스니 버르마인 뻐당 검도
- ☐ rugby 룩비 럭비
- ☐ yoga 요가 요가
- ☐ squash 스쿠아시 스쿼시
- ☐ badminton 바드민뜬 / bulu tangkis 불루 땅끼스 배드민턴
- ☐ bola tangan 볼라 땅안 핸드볼
- ☐ panah ala barat 따나 알라 바랕 양궁
- ☐ *bungee jumping* 번지 점핑 / loncat dari menara 론짯 다리 머나라 번지점프

Dialogue

A: Sedang berolahraga apa?
스당 버르올라라가 아빠?
어떤 운동을 하십니까?

B: Saya suka bermain bola keranjang.
사야 수까 버르마인 볼라 꺼란장.
농구를 좀 합니다.

A: Bagaimana jika mengikuti tim kami?
바가이마나 지까 멍이꾸띠 팀 까미?
그럼 우리 팀에 가입하면 어때요?

B: Ya, baik.
야, 바익.
네, 좋습니다.

Unit 02

alat-alat untuk olahraga

알랃-알랃 운뚝 올라흐라가 운동 기구

□ bola bisbol

볼라 비스볼 야구공

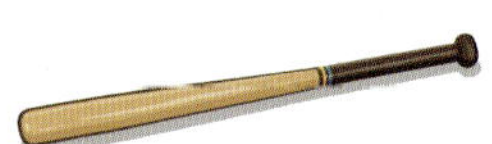

□ tongkat pemukul

똥깓 쁘무꿀 야구 배트

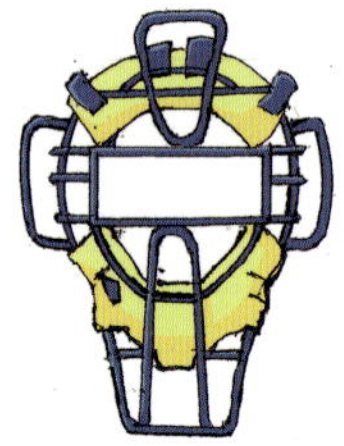

□ pelindung wajah

쁠린둥 와자 마스크

□ sarung tangan

사룽 땅안 글러브

□ helm 헬름 헬멧

□ bola tenis

볼라 떼니스 테니스공

□ raket 라켇 라켓

□ bola sepak bola
볼라 세빡 볼라 축구공

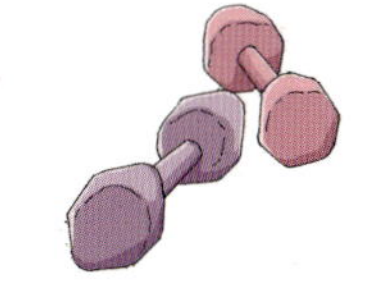

□ dambel 담벨 아령

관련 단어

□ pelindung bahu 쁠린둥 바후 어깨 보호대
□ sepatu luncur 스빠뚜 룬쭈르 스케이트화
□ alat pancing 알랏 빤찡 낚싯대
□ umpan 움빤 미끼, 낚시밥
□ jam rekam 잠 르깜 스톱워치
□ pakaian penyelam 빠까이안 뻐녈람 잠수복
□ sirip 시립 물갈퀴, 오리발
□ tabung udara 따붕 우다라 산소통
□ selang udara 슬랑 우다라 수중호흡기

A: Suka bermain ski?
수까 버르마인 스끼?
스키 타는 거 좋아하세요?

B: Ya, tiap musim dingin saya ke lapangan ski.
야, 띠압 무심 딩인 사야 꺼 라빵안 스끼.
네, 저는 겨울마다 스키장에 갑니다.

kolam renang 꼴람 르낭 수영장

□ **renang** 르낭 수영

Sangat berbahaya berenang di dalam air yang mengalir.
상앗 버르바하야 버르낭 디 달람 아이르 양 멍알리르.
흐르는 물에서 수영하는 것은 위험하다.

□ **peregangan badan**
뻐르강안 바단 스트레칭

□ **pelampung**
뻘람뿡 튜브

□ **menara loncat** 머나라 론짠 다이빙대

□ **meloncat** 멜론짠 다이빙하다

□ **baju renang** 바주 르낭 수영복

Aduh, tidak bawa baju renang!
아두, 띠닥 바와 바주 르낭!
이런, 수영복을 안 가져왔네!

□ **kacamata renang**
까짜마따 르낭 물안경

관련 단어

- ☐ gaya bebas 가야 베바스 자유형
- ☐ gaya punggung 가야 뿡궁 평영
- ☐ gaya kupu-kupu 가야 꾸뿌-꾸뿌 접영
- ☐ gaya dada 가야 다다 배영
- ☐ pengaman 뻥아만 안전요원
- ☐ tempat luncur 뜸빳 룬쭈르 미끄럼틀
- ☐ topi renang 또삐 르낭 수영모
- ☐ baju (rompi) pelampung 바주(롬삐) 뻘람뿡 구명조끼
- ☐ kram 끄람 / kejang otot 꺼장오똣 쥐, 경련
- ☐ bikini 비끼니 비키니
- ☐ berjemur 버르져무르 선탠

A: Jenis renang yang dipelajari pada hari ini adalah gaya dada.
제니스 르낭 양 디뻘라자리 빠다 하리 이니 아달라 가야 다다.
오늘 배울 수영 종목은 접영입니다.

B: Tidak sulit? Saya masih belum pintar berenang gaya bebas saja.
띠닥 술릿? 사야 마시 벌룸 삔따르 버르낭 가야 베바스 사자.
어렵지 않나요? 아직 자유형도 제대로 못하는데요.

A: Jangan khawatir. Bisa cepat belajar.
장안 까와띠르. 비사 쯔빳 벌라 자르.
걱정 마세요. 금방 배울 수 있을 거예요.

pusat kebugaran 뿌삿 커부가란 헬스클럽

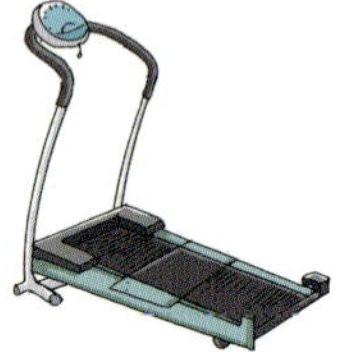

□ tretmil 뜨렌밀 러닝머신

□ sepeda statis
스뻬다 스따띠스 사이클

□ angkat besi 앙깟 베시 역기

□ mengangkat besi
멍안깟 버시 역기 들어올리기

Saya berolahraga dengan dambel setiap pagi.
사야 버르올라라가 등안 담벌 스띠압 빠기.
나는 아침마다 역기로 운동을 한다.

□ dambel 담벌 아령

□ pelatih 뻘라띠 코치

Pelatih tim kami sangat disiplin.
뻘라띠 띰 까미 상앗 디시쁠린.
우리 팀의 코치는 아주 엄격하다.

□ angkat badan di palang
앙깟 바단 디 빨랑 턱걸이

Adik saya tidak bisa mengangkat badan di palang.
아딕 사야 띠닥 비사 멍앙깟 바단 디 빨랑.
내 동생은 턱걸이를 한 번도 못한다.

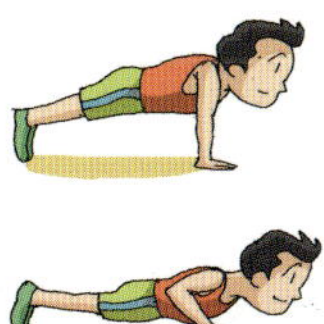

□ *push-up* 푸시업 팔굽혀펴기　　□ *sit-up* 씨텁 윗몸일으키기

관련 단어

□ baju olahraga 바주 올라라가 스포츠셔츠
□ aerobik 아에로빅 에어로빅
□ lompat tali 롬빳 딸리 줄넘기
□ melatih badan 멀라띠 바단 (몸을) 단련하다
□ mengancang-ancang 멍안짱-안짱 준비 운동을 하다

A: Bagaimana kita berolahraga bersama di fitnes senter?
바가이마나 끼따 버르올라라가 버르사마 디 휘뜨네스 센떠르?
우리 같이 헬스클럽에 다니는 건 어떨까?

B: Repot, kamu saja.
레뽇, 까무 사자.
귀찮아. 너나 다녀.

A: Kamu sih, begitu, nanti jadi gemuk.
까무 씨, 버기뚜, 난띠 자디 거묵.
너 그러다가 정말 돼지 된다.

hobi 호비 취미

☐ **membaca** 멤바짜 독서

Anaknya sangat suka membaca.
아낙냐 상앋 수까 멈버짜.
어린아이가 독서를 참 좋아하는구나.

☐ **observasi galaksi**
옵서르바시 갈락시 천체 관측

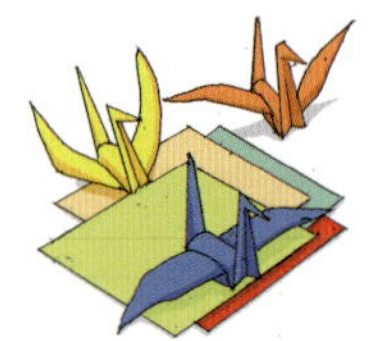

☐ **pelipatan kertas** 쁠리빳딴 꺼르따스 / **origami** 오리가미 / **seni lipat kertas**
스니 리빳 꺼르따스 종이접기

☐ **pembentukkan pola**
뻠번뚝깐 뽈라 모형 제작

☐ **sulaman** 술라만 자수

☐ **seni keramik** 스니 께라믹 도예

Cangkir ini saya buat sesudah belajar seni keramik.
짱끼르 이니 사야 부앗 서수다 벌라자르 스니 꺼라믹.
이 컵은 내가 도예를 배워서 만든 거야.

☐ **perajutan** 뻐라주딴 뜨개질

Bagi saya, perajutan betul-betul sulit.
바기 사야, 뻐라주딴 버뚤-버뚤 술릳.
내게는 뜨개질이 정말 어렵다.

관련 단어

- ☐ pemotretan 뻐모뜨렌딴 사진 촬영
- ☐ kerajinan tangan 꺼라지난 땅안 공예
- ☐ penjahitan 뻔자히딴 바느질
- ☐ masak 마삭 요리
- ☐ koleksi prangko 꼴렉시 쁘랑꼬 우표 수집
- ☐ pencocokan puzzle 뻔쪼쪽깐 뻐즐 조각 퍼즐 맞추기
- ☐ melukis 멀루끼스 그림 그리기
- ☐ seni tulis 스니 뚤리스 서예
- ☐ bidak 비닥 바둑
- ☐ Janggi 장기 / catur Korea 짜뚜르 꼬레아 장기
- ☐ catur 짜뚜르 체스

A: Hobinya apa?
호비냐 아빠?
취미가 뭐예요?

B: Suka memotret.
수까 메모뜨렛.
사진 찍는 걸 좋아해요.

A: Punya hobi yang baik, ya.
뿌냐 호비 양 바익, 야.
좋은 취미를 가지셨네요!

B: Saya juga berpikir begitu.
사야 주가 버르삐끼르 버기뚜.
저도 그렇게 생각한답니다.

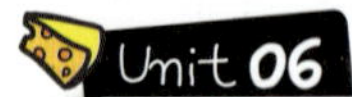

permainan kartu 뻐르마인안 까르뚜 카드 게임

□ raja 라자 킹(K)

□ as 아스 에이스(A)

Kayaknya dia punya kartu As.
까야냐 디아 뿌냐 까르뚜 아스.
그는 에이스를 가지고 있는 것 같다.

□ ratu 라뚜 퀸(Q)

□ jek 젝 / hati 하띠 / pelayan 뻴라얀 / budak 부닥 잭(J)

□ badut 바둣 조커(JOKER)

Terpaksa keluarkan kartu badut.
떠르빡사 끌루아르깐 까르뚜 바둣.
아무래도 조커를 내야겠네.

□ ubin 우빈 / wajik 와직 다이아몬드(◆)

□ daun sekop 다운 스꼽 스페이드(♠)

□ hati 하띠 / jantung 잔뚱 하트(♥)

□ keriting 끄리띵 / cengkeh 쯩께 클로버(♣)

관련 단어

□ kartu Truf 까르뚜 뜨룹 트럼프

□ bertaruh 버르따루 / memasang taruhan 머마상 따루안 내기하다

□ giliran 길리란 차례

□ menang 머낭 이기다

□ kalah 깔라 지다

□ mengocok kartu 멍오쪽 까르뚜 카드를 섞다

□ membagi kartu 멈바기 까르뚜 카드를 배분하다

Dialogue

A: Ayo, kita main kartu!
아요, 끼따 마인 까르뚜!
우리 카드 게임하자!

B: Saya tidak bisa.
사야 띠닥 비사.
난 못하는데.

A: Tidak bisa? Gampang. Akan saya ajarkan.
띠닥 비사? 감빵, 아깐 사야 아자르깐.
그걸 못한다구? 쉬워. 내가 가르쳐 줄게.

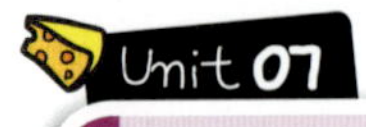

wisata 위사따 여행

□ berwisata

버르위사따 관광하다

□ wisatawan 위사따완 관광객

Umumnya wisatawan mengunjungi tempat peninggalan bersejarah.
우움냐 위사따완 멍운중이 뜸빳 뻬닝갈란 버르스자라.
관광객들은 주로 이 유적지를 찾는다.

□ wisata malam

위사따 말람 야간 관광

□ observatorium

옵서르바또리움 전망대

□ tanda mata 딴다 마따 기념품

Tanda mata ini dibeli untuk Anda.
딴다 마따 이니 디벌리 운뚝 안다.
이 기념품은 너 주려고 사온 거야.

□ barang kesenian

바랑 꺼스니안 예술품

관련 단어

- ☐ agen pariwisata 아겐 빠리위사따 여행사
- ☐ pemandu wisata 뻐만두 위사따 가이드, 관광 안내원
- ☐ reservasi 레스르바시 예약
- ☐ masa liburan 마사 리부란 휴가 기간
- ☐ piknik 삐끄닉 당일여행
- ☐ pariwisata rombongan 빠리위사따 롬봉안 단체여행
- ☐ wisata ransel 위사따 란슬 배낭여행
- ☐ wisata luar negeri 위사따 루아르 느거리 해외여행
- ☐ wisata kapal 위사따 까빨 선박 여행
- ☐ mabuk laut 마북 라웃 뱃멀미
- ☐ bus pariwisata 부스 빠리위사따 관광버스
- ☐ bekas peninggalan bersejarah 버까스 뻐닝갈란 버르스자라 유적지, 옛터
- ☐ waktu bebas 왁뚜 베바스 자유시간

A: Saya cuti mulai hari Sabtu. Mau berwisata dengan saya?
사야 쭈띠 물라이 하리 삽뚜. 마우 버르위사따 등안 사야?
토요일부터 휴가야. 같이 여행 가지 않을래?

B: Maaf, saya telah memesan wisata keluarga kepada agen pariwisata.
마아프, 사야 떨라 머머산 위사따 껄루아르가 꺼빠다 아겐 빠리위사따.
미안, 벌써 가족이랑 가려고 여행사에 예약했는데….

berjemur / mandi matahari

버르져무르 / 만디 마따하리 **일광욕**

1 matahari
마따하리 태양

2 payung pantai
빠융 빤따이 파라솔

3 kacamata surya
까짜마따 수르야 선글라스

4 bikini
비끼니 비키니

□ krim antiultraviolet
끄림 안띠 울뜨라 비오렉 자외선차단크림

□ burung camar
부룽 짜마르 갈매기

□ ombak 옴박 파도

Suara ombak betul-betul terasa segar.
수아라 옴박 버뚤-버뚤 떠라사 스가르.
파도 소리가 정말 시원하다.

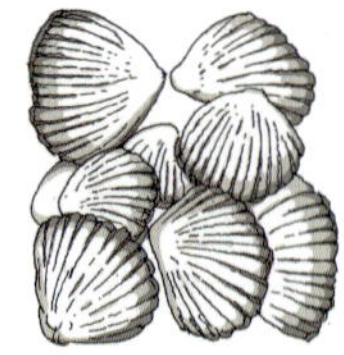

□ kerang 꺼랑 조개

Aduh, sakit! Injak kerang.
아두, 사낏! 인작 꺼랑.
아야! 조개껍질을 밟았어.

관련 단어

- □ **laut** 라웃 바다
- □ **pantai** 빤따이 해변
- □ **pasir** 빠시르 모래
- □ **bola pantai** 볼라 빤따이 비치볼
- □ **topi lebar** 또삐 레바르 차양모자
- □ **minyak sun-tan** 미냑 선탄 선탠오일

- □ **matahari terbit** 마따하리 떠르빗 일출
- □ **matahari terbenam** 마따하리 떠르버남 일몰

A: Kulit saya terbakar matahari. Terasa pedih!
꿀릿 사야 떠르바까르 마따하리. 떠라사 뻐디!
나 피부가 너무 많이 탔나 봐. 따가워!

B: Cukup. Ayo, masuk ke dalam?
쭈꿉. 아요, 마숙 꺼 달람?
그만 안으로 들어갈까?

A: Ok, masuk dan pijat dengan mentimun.
오께이, 마숙 단 삐잣 등안 빡 먼띠문.
그래. 들어가서 오이팩 좀 해야겠어.

Unit 09

televisi 뗄레비시 텔레비전

□ **saluran televisi**

살루란 뗄레비시 텔레비전 채널

□ **siaran langsung**

시아란 랑숭 생중계

□ **pelawak** 뻴라왁 개그맨

□ **iklan** 익끌란 광고

Kesal, ya, mengapa iklannya begini banyak?
꺼살, 야, 멍아빠 이끌란냐 버기니 반냑?
짜증나! 광고는 왜 이렇게 많아?

□ **juru ulas** 주루 울라스 해설자

Juru ulas itu betul-betul bosan mengulas.
주루 울라스 이뚜 버뚤-버뚤 보산 멍울라스.
저 해설자 정말 재미없게 하네.

□ **pembawa acara**

뻠바와 아짜라 사회자

관련 단어

- □ komunikasi massa 꼬무니까시 마사 매스컴
- □ televisi resolusi tinggi 뗄레비시 레소루시 띵기 고화질 TV
- □ zona waktu emas 존나 왁뚜 으마스 황금시간대
- □ pemirsa 뻐미르사 시청자
- □ program 쁘로그람 / acara 아짜라 프로그램
- □ produser 쁘로두서르 프로듀서, PD
- □ sinetron 시네뜨론 드라마, 연속극
- □ selebriti 슬레브리띠 연예인
- □ penyanyi 뻐냐니 가수
- □ suara kelompok 수아라 껄롬뽁 그룹사운드
- □ aktor radio 악또르 라디오 성우
- □ wawancara eksklusif 와완짜라 엑스클루십 독점취재
- □ siaran tunda 시아란 뚠나 녹화방송
- □ siaran ulang 시아란 울랑 재방송하다

A: Waktunya drama ditayangkan. Coba ganti saluran.
왁뚜냐 드라마 디따양깐. 쪼바 간띠 살루란.
드라마할 시간이구나. 채널 좀 돌려 봐.

B: Tidak, Mami, saya ingin nonton bisbol.
띠닥, 마미, 사야 잉인 논똔 비스볼.
아, 안돼요, 엄마, 야구 봐야 돼요.

film 휠름 영화

1 layar film
라야르 삘름 영화 스크린

2 tempat duduk
뗌빧 두둑 좌석

3 penonton
뻐논똔 관객

4 popcorn 빱꼰 / berondong jagung
버론동 자궁 팝콘

☐ loket karcis 로껟 까르찌스 / loket tiket 로껟 띠껟 매표소

Mengapa antreannya begitu panjang di depan loket karcis?
멍아빠 안뜨레안냐 버기뚜 빤장 디 드빤 로껟 까르찌스?
매표소 앞에 웬 줄이 저렇게 길지?

☐ toko 또꼬 / kantin 깐띤 매점

☐ tokoh utama laki-laki
또꼬 우따마 라끼–라끼 남자 주인공

☐ tokoh utama perempuan
또꼬 우따마 뻐름뿌안 여자 주인공

□ sutradara 수뜨라다라 감독

□ tragedi 뜨라게디 비극

Film ini betul-betul menyedihkan.
휠름 이니 버뚤-버뚤 머녀디깐.
이 영화, 그야말로 비극적이다.

관련 단어

□ bioskop 비오스꼽 영화관
□ peran 뻬란 배역, 역할
□ film horor 휠름 호로르 공포 영화, 스릴러 영화
□ film komedi (lucu) 휠름 꼬메디(루쭈) 코믹 영화
□ film kartun 휠름 까르뚠 만화 영화
□ film aksi 휠름 악시 액션 영화
□ film fantasi ilmiah 휠름 환따시 일미아 공상 과학 영화
□ film dewasa 휠름 데와사 성인 영화
□ film porno 휠름 뽀르노 에로 영화

A: Mari kita menonton film.
마리 끼따 머논똔 휠름.
우리 영화 보러 가자.

B: Apa, ada film horor yang mengerikan?
아빠, 아다 휠름 호로르 양 멍어리깐?
뭐, 오싹한 공포 영화 하니?

A: Tidak mau, saya mau menonton film yang lucu.
띠닥 마우, 사야 마우 머논똔 휠름 양 루쭈.
아니, 난 코믹 영화 보려고 하는데….

konser 꼰서르 연주회

□ orkes simponi
오르께스 심뽀니 관현악단

□ konduktor 꼰둑또르 /
dirigen 디리겐 지휘자

□ baton 바똔 지휘봉

□ mimbar konduktor
밈바르 꼰둑또르 지휘대

□ notasi musik
노따시 무식 악보

□ violin 비올린 바이올린

□ selo 셀로 첼로

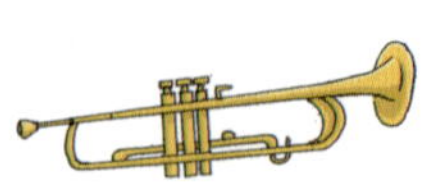

□ trombon
뜨롬본 트럼본

□ terompet 뜨롬뻿
트럼펫

□ piano 삐아노
피아노

□ **perangkat drum** 뻐랑깟 드룸 / **genderang** 건더랑 드럼

□ **pemain genderang** 뻐마인 건데랑 드러머

□ **gitar** 기따르 기타

□ **gitaris** 기따리스 기타리스트

Gerakan tangan gitaris itu betul-betul cekatan(piawai).
거락깐 땅안 기따라스 이뚜 버뚤-버뚤 쯔깔딴(삐아와인).
저 기타리스트 손놀림이 정말 화려하다.

□ **opera** 오뻬라 오페라

□ **musisi** 무시시 음악가, 뮤지션

□ **simponi** 심뽀니 교향곡, 심포니

□ **kuartet petik** 꾸아르뗏 뻐띡 현악사중주

□ **ansambel** 안삼블 앙상블

A: **Wah, konsernya bagus sekali.**
와우, 꼰서르냐 바구스 스깔리.
야, 멋진 공연이었어.

B: **Memang begitu, ya. Pemain violin hebat betul.**
머망 버기뚜, 야. 뻐마인 비올린 헤받 버뚤.
그렇지. 바이올린 연주자 정말 대단하더라.

A: **Bagus juga pertunjukan pianonya.**
바구스 주가 뻐르뚠죽깐 삐아노냐.
피아노 연주도 훌륭했잖아.

taman hiburan 따만 히부란 놀이공원

☐ balon 발론 풍선

☐ badut 바둗 어릿광대

Lihatlah badut itu menari!
리핟라 바둗 이뚜 머나리!
저 어릿광대 춤추는 거 봐!

☐ komidi putar
꼬미디 뿌따르 회전목마

☐ *ferris wheel* 훼리스 휠 회전 관람차

Mari kita naik Ferris Wheel?
마리 끼따 나익 훼릿 휠?
우리 회전 관람차도 타볼까?

☐ kembang gula 껌방 굴라 솜사탕

Mami, aku mau makan kembang gula.
마미, 아꾸 마우 마깐 껌방 굴라.
엄마, 나 솜사탕 먹고 싶어.

☐ *roller coaster*
롤러르 꼬스터 롤러코스터

□ kantin 깐띤 / toko 또꼬 매점

□ kebun binatang 꺼분 비나땅 동물원

관련 단어

- □ kereta gantung 꺼레따 간뚱 케이블카
- □ mobil bumper 모빌 붐뻐르 범퍼카
- □ pertunjukan anjing laut 뻐르뚠주깐 안징 라웃 물개쇼
- □ yang naik 양 나익 탈것 (통틀어서 말함)
- □ tempat informasi 뜸빳 인훠르마시 안내소
- □ kebun 꺼분 식물원
- □ mainan luncur 마인안 룬쭈르 미끄럼틀
- □ ayunan 아윤안 그네
- □ pintu masuk 삔뚜 마숙 입구
- □ pintu keluar 삔뚜 껄루아르 출구

A: Hari sabtu ini saya mau ke taman hiburan.
하리 삽뚜 이니 사야 마우 꺼 따만 히부란.
이번 토욜일에 놀이공원에 가고 싶어요.

B: Jangan, kayaknya sangat ramai pada akhir minggu.
장안, 까야냐 상앗 라마이 빠다 악히르 밍구.
안돼, 주말엔 놀이공원이 무척 붐빌 거야.

연습문제

Self Test

1 다음 단어를 우리말 혹은 인도네시아어로 옮기시오.

a) 볼링 ________ 수영 ________ 낚시 ________
스카이다이빙 ________ 탁구 ________

b) 축구 ________ 야구 ________ 농구 ________
배구 ________ 스케이트 ________

c) tongkat pemukul ________ helm ________
raket ________ pelindung wajah ________
sarung tangan ________

d) 자유형 ________ 튜브 ________ 물안경 ________
수영복 ________ 스트레칭 ________

2 다음 보기에서 인도네시아어를 골라 넣으세요.

a) sit-up　tretmil　angkat besi　push-up
angkat badan di palang
b) masak　perajutan　sulaman　seni keramik　membaca
c) mengocok kartu　giliran　menang　bertaruh　kalah

a) 턱걸이 ________ 윗몸일으키기 ________ 러닝머신 ________
팔굽혀펴기 ________ 역기 ________

b) 뜨개질 ________ 요리 ________ 자수 ________
독서 ________ 도예 ________

c) 내기하다 ________ 이기다 ________ 지다 ________
카드를 섞다 ________ 차례 ________

3 다음 그림을 인도네시아어와 연결시키세요.

observatorium　berwisata　wisatawan　wisata malam

4 다음 빈칸에 적당한 단어를 넣으세요.

a) ________ yang paling saya sukai adalah Shin Dongyeop.
내가 가장 좋아하는 개그맨은 신동엽이다.

b) ________ TV sangat efektif. TV 광고는 상당히 효과적이다.

c) Saya suka ________. 나는 ______를 좋아한다.

d) Kini _______ ditonton dengan DVD. 요즘은 영화를 DVD로 본다.

5 다음 단어를 우리말 혹은 인도네시아어로 옮기시오.

a) 바이올린 ________ konduktor ________ 기타 ________
피아노 ________ notasi musik ________

b) 풍선 ________ 동물원 ________ 솜사탕 _____ _______
badut ________ komidi putar ________

1 a) boling renang memancing terjun payung tenis meja

b) sepak bola – bisbol – bola keranjang – voli – sepatu luncur

c) 야구 배트 – 헬멧 – 라켓 – 마스크 – 글러브

d) gaya bebas – pelampung – kacamata renang – baju renang – peregangan badan

2 a) angkat badan di palang sit–up treatmel push–up angkat besi

b) perajutan – masak – sulaman – membaca – seni keramik

c) bertaruh menang kalah mengocok kartu giliran

3 wisatawan – berwisata – wisata malam – Observatorium

4 a) pelawak b) Iklan c) 액션영화 d) film

5 a) violin – 지휘자 – gitar – piano – 악보

b) balon – kebun binatang – kembang gula – 피에로 – 회전목마

Theme 9

alam 알람 자연

binatang 비나땅 동물

□ kuda 꾸다 말

□ harimau 하리마우 호랑이

□ rubah
루바 여우

□ kuda zebra
꾸다 제브라 얼룩말

□ gajah 가자 코끼리

□ beruang
버루앙 곰

□ rusa 루사 사슴

□ unta 운따 낙타

□ jerapah
즈라빠 기린

□ **monyet** 모녣 / **kera** 꺼라 원숭이

□ **serigala** 스리갈라 늑대

Serigala adalah binatang monogami.

스리갈라 아달라 비나땅 모노가미.

늑대는 일부일처 하는 동물이래.

□ **babi** 바비 돼지

□ **kucing** 꾸찡 고양이

□ **anjing** 안징 개

□ **kelinci** 껄린찌 토끼

□ **ular** 울라르 뱀

□ **kelelawar** 껄렐라와르 박쥐

Kelelawar adalah mamalia.

껄렐라와르 아달라 마말리아.

박쥐는 포유 동물이다.

□ **buaya** 부아야 악어

Unit 01 binatang ▸▸▸

관련 단어

- □ singa 싱아 사자
- □ kuda nil 꾸다 닐 하마
- □ panda 빤다 판다
- □ gorila 고릴라 고릴라
- □ sapi 사삐 소
- □ sapi perah 사삐 뻐라 젖소
- □ tikus 띠꾸스 쥐
- □ hamster 함스떠르 햄스터

- □ kuku 꾸꾸 (짐승의) 발톱
- □ tanduk 딴둑 뿔
- □ ekor 에꼬르 꼬리
- □ kuku kuda 꾸꾸 꾸다 말발굽
- □ suri 수리 (사자, 말 등의) 갈기

Dialogue

A: Lihatlah beruang itu!
리핟라 버루앙 이뚜!
저 곰 좀 봐!

B: Wau, itu beruang terbesar yang kita lihat sampai sekarang ini!
와우, 이뚜 버루앙 떠르버사르 양 끼따 리핟 삼빠이 스까랑 이니!
우와! 이때까지 본 곰 중에 가장 큰 곰이야!

unggas 웅가스 조류

□ angsa 앙사 백조

□ merpati 머르빠띠 비둘기

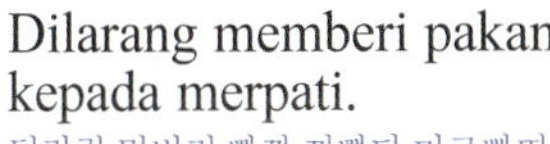

Dilarang memberi pakan kepada merpati.
딜라랑 멈버리 빠깐 꺼빠다 머르빠띠.
비둘기에게 먹이를 주지 마세요.

□ gagak hitam
가각 히땀 까마귀

□ elang 얼랑 매

□ burung gereja
부룽 그레자 참새

□ walet 왈렏 제비

□ rajawali
라자왈리 독수리

□ damar laut
다마르 라웃 갈매기

□ burung berkicau 부룽 버르끼짜우 종달새

Unit 02 unggas ▸▸▸

□ **burung nuri**
부룽 누리 앵무새

□ **ayam** 아얌 닭

□ **ayam betina** 아얌 버띠나 암탉

□ **ayam jantan**
아얌 잔딴 수탉

□ **burung unta** 부룽 운따 타조

□ **burung hantu**
부룽 한뚜 부엉이

□ **penguin** 뼁귄 펭귄

Di kutub utara tidak ada penguin.
디 꾸뚭 우따라 띠닥 아다 뼁귄.
북극에는 펭귄이 없대요.

□ **burung bangau**
부룽 방아우 학, 두루미

관련 단어

- gagak putih 가각 뿌띠 까치
- bebek 베벡 오리
- burung dara laut 부룽 다라 라웃 기러기
- burung migran sesuai dengan musim 부룽 미그란 서수아이 등안 무심 철새
- bulu 불루 깃털
- paruh 빠루 (새의) 부리
- cakar 짜까르 (동물의) 갈고리 발톱
- bulu ekor 불루 에꼬르 (조류의) 꼬리털, 꽁지
- sayap 사얍 날개
- sarang 사랑 둥지

Dialogue

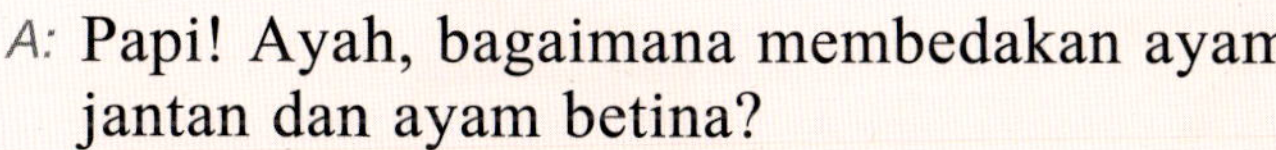

A: Papi! Ayah, bagaimana membedakan ayam jantan dan ayam betina?
빠삐! 아야, 바가이마나 멈베다깐 아얌 잔딴 단 아얌 베띠나?
아빠, 암탉과 수탉은 어떻게 구분해요?

B: Ayam betina ekornya panjang sedangkan ayam jantan ekornya pendek.
아얌 버띠나 에꼬르냐 빤장 스당깐 아얌 잔딴 에꼬르냐 뻰덱.
수탉은 꽁지가 길고, 암탉은 꽁지가 짧단다.

A: Ah, begitu. Saya tidak tahu sampai sekarang ini.
아, 버기뚜. 사야 띠닥 따후 삼빠이 스까랑 이니.
아, 그렇군요. 지금까지 몰랐어요.

serangga 스랑가 곤충

□ lebah 러바 / tawon 따원 벌

□ lalat 랄랃 파리

□ laba-laba 라바-라바 거미

□ semut 서뭍 개미

Semut yang punya sayap adalah semut jantan.
서뭍 양 뿌냐 사얍 아달라 서뭍 잔딴.
날개가 달린 개미는 수개미란다.

□ kaper 까뻐르 나방

□ kupu-kupu 꾸뿌-꾸뿌 나비

□ capung 짜뿡 잠자리

□ belalang 벌랄랑 메뚜기

□ kumbang rusa 꿈방 루사 딱정벌레

□ kunang-kunang 꾸낭-꾸낭 개똥벌레

□ jangkrik 장끄릭 귀뚜라미

□ kepik 꺼삑 무당벌레

□ nyamuk 냐묵 모기

Digigit nyamuk, jadi gatal sekali.
디기깃 냐묵, 자디 가딸 스깔리.
모기에 물려서 너무 가렵다.

□ kecoak 꺼쪼아 바퀴벌레

Kecoak suka pada tempat lembab dan gelap.
꺼쪼아 수까 빠다 뜸빳 럼밥 단 걸랍.
바퀴벌레들은 습하고 어두운 곳을 좋아한다.

관련 단어

□ cacing 짜찡 지렁이

□ telur 떨루르 알

□ ulat 울랃 / tempayak 뗨빠약 / larva 라르바 애벌레

□ kepompong 꺼뽐뽕 번데기

□ imago 이마고 성충

□ antena 안떼나 더듬이

□ bagian kepala 바기안 꺼빨라 두부, 머리 부분

□ bagian dada 바기안 다다 흉부, 가슴 부분

□ bagian perut 바기안 뻐룻 복부, 배 부분

□ sengat 승앗 (곤충 등의) 침, 가시

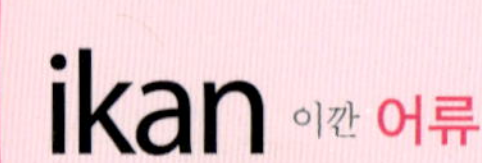

ikan 이깐 어류

□ ikan karper 이깐 까르뻬르 잉어

□ ikan makarel 이깐 마까렐 고등어

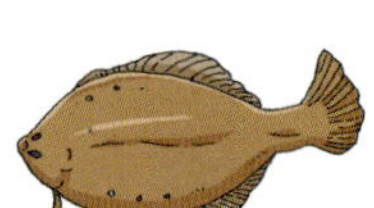

□ ikan sebelah 이깐 스벌라 광어

□ tenggiri 뗑기리 정어리

□ salmon 살몬 연어

□ tuna 뚜나 참치

Saya suka *kimchi* cigae yang dimasuki dengan ikan tuna.
사야 수까 김치찌개 양 디마숙끼 둥안 이깐 뚜나.
난 참치를 넣은 김치찌개가 좋아.

□ ikan hiu 이깐 히우 상어

□ paus 빠우스 고래

□ salem 살럼 송어

□ **ikan mas** 이깐 마스 금붕어

Ikan mas adalah ikan hias.
이깐 마스 아달라 이깐 히아스.
금붕어는 관상용 물고기이다.

□ **penyu** 뻐뉴 거북

Penyu adalah binatang tipikal yang panjang umur.
뻐뉴 아달라 비나땅 띠삐깔 양 빤장 우무르.
거북은 대표적 장수 동물이다.

□ **cumi-cumi** 쭈미-쭈미 오징어

□ **gurita** 구리따 문어

□ **lobster** 롭스떠르 바닷가재

□ **kepiting** 꺼삐띵 게

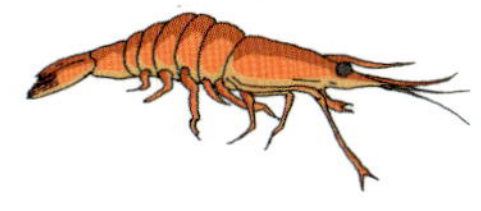

□ **udang** 우당 새우

Udang tinggal juga di air tawar.
우당 띵갈 주가 디 아이르 따와르.
새우는 민물에서도 산다.

□ **tiram** 띠람 굴

Unit 04 ikan ▶▶▶

관련 단어

- ☐ ikan layur 이깐 라유르 갈치
- ☐ ikan kod 이깐 꼬드 대구
- ☐ belut 벌룯 장어
- ☐ kerang besar 꺼랑 버사르 대합
- ☐ tiram 띠람 전복
- ☐ teripang 뜨리빵 해삼
- ☐ bintang laut 빈땅 라웃 불가사리
- ☐ *gim* 김 김
- ☐ ganggang 강강 다시마
  - ☐ sisik 시식 (물고기의) 비늘
  - ☐ sirip 시립 지느러미
  - ☐ insang 인상 아가미
  - ☐ selaput kaki 슬라뿟 까끼 물갈퀴

A: Ikan ini namanya apa?
이깐 이니 나마냐 아빠?
이 물고기의 이름은 뭐예요?

B: Itu ikan salmon.
이뚜 이깐 살몬.
그건 연어란다.

buah-buahan 부아-부아안 과일

□ apel 아뻴 사과

□ semangka 스망가 수박

Ingin makan sepotong semangka.
잉인 마깐 스뽀똥 스망가.
시원한 수박 한 조각 먹었으면….

□ pir 삐르 배

□ lemon 레몬 레몬

Lemon mengandung banyak asam sitrat.
레몬 멍안둥 바냑 아삼 시뜨랕.
레몬에는 구연산이 많대요.

□ anggur 앙구르 포도

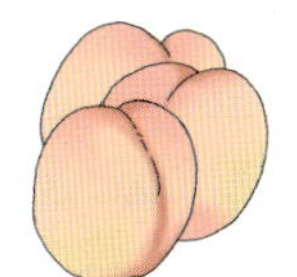

□ buah persik
부아 뻬르식 복숭아

□ jeruk 저룩 귤

□ stroberi 스뜨로베리 딸기

Unit 05 buah-buahan ▶▶▶

□ **kesemek** 꺼스멕 감

□ **aprikot** 아쁘리꼿 살구

Mau makan roti tawar dengan selai aprikot.
마우 마깐 로띠 따와르 등안 슬라이 아쁘리꼿.
식빵에 살구잼을 발라 먹어야겠다.

□ **pisang** 삐상 바나나

Pisang adalah buah yang cepat berubah sekali.
삐상 아달라 부아 양 쯔빳 버루바 스깔리.
바나나는 정말 빨리 변하는 과일이다.

□ **jeruk** 저룩 오렌지

□ **nanas** 나나스 파인애플

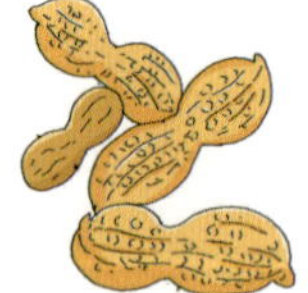

□ **kacang tanah**
까짱 따나 땅콩

□ **walnut** 왈눗 호두

□ **buah berangan** 부아 버랑안 밤

관련 단어

- ☐ prem 쁘럼 자두
- ☐ melon 멜론 멜론
- ☐ kiwi 끼위 키위
- ☐ mangga 망가 망고
- ☐ almond 알몬드 아몬드
- ☐ biji cemara 비지 쯔마라 잣
- ☐ kismis 끼스미스 / anggur kering 앙구르 꺼링 건포도
- ☐ kurma Korea 꾸르마 꼬레아 / kurma Cina 꾸르마 찌나 대추

Dialogue

A: Buah prem sangat baik untuk sembelit.
부아 쁘럼 상앗 바익 운뚝 슴벌릿.
자두가 변비에 좋은 과일이래.

B: Oh, gitu. Saya hanya pikirkan apel.
오, 기뚜? 사야 하냐 삐기르깐 아뻴.
그래? 난 사과만 생각했는데.

A: Ya, mungkin buah-buahannya semua baik.
야, 뭉낀 부아-부아안냐 스무아 바익.
하긴 과일이라면 거의 다 좋겠지.

tumbuh-tumbuhan 뚬부-뚬부한 식물

□ daun 다운 잎

□ ranting
란띵 나뭇가지

□ lingkaran kayu
링까란 까유 나이테

□ akar kayu
아까르 까유 나무뿌리

□ batang kayu
바땅 까유 나무 줄기

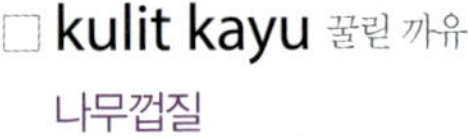

□ kulit kayu 꿀릿 까유
나무껍질

□ batang 바땅 줄기

□ biji 비지 씨앗

□ kuncup 꾼쭙 싹, 봉오리

□ buah 부아 열매

☐ **pohon gingko** 뽀혼 깅꼬 은행나무

Pohon gingko pada musim gugur sangat indah.
뽀혼 깅꼬 빠다 무심 구구르 상안 인다.
가을의 은행나무는 정말 아름답다.

☐ **cemara** 쯔마라 소나무

☐ **pohon kelapa**
뽀혼 껄라빠 야자수

☐ **pohon ek** 뽀혼 엑 떡길나무

'dotori' adalah buah pohon ek.
도토리 아다라 부아 뻐혼 엑.
도토리는 떡갈나무의 열매란다.

관련 단어

- ☐ **pohon willow** 뽀혼 윌로우 버드나무
- ☐ **bambu** 밤부 대나무
- ☐ **pohon berangan** 뽀혼 버랑안 밤나무
- ☐ **platanus** 쁠라다누스 플라타너스
- ☐ **pohon poplar** 뽀혼 뽀쁠아르 포플러
- ☐ **pohon mapel** 뽀혼 마뻘 단풍나무

Unit 07

bunga 붕아 꽃

□ bunga lili putih
붕아 릴리 뿌띠 백합

□ bunga mawar
붕아 마와르 장미

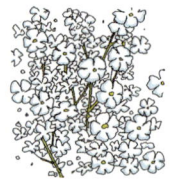

□ bunga matahari
붕아 마따하리 해바라기

□ bunga violet
붕아 비오렛 제비꽃

□ bunga iris
붕아 이리스 붓꽃

□ bunga kabut
붕아 까붇 안개꽃

□ dandelion 단델리온 민들레

□ bunga trompet 붕아 뜨롬뻿 나팔꽃

□ anggrek 앙그렉 난초

□ **kosmos**

꼬스모스 코스모스

□ **tulip** 뚤립 튤립

Bunga tulip membuat saya memikirkan negara Belanda.
붕아 뚤립 멈부앗 사야 머미끼르깐 느가라 벌란다.
튤립 하면 네덜란드가 생각난다.

□ **bunga azalea**

붕아 아잘레아 진달래

□ **bunga teratai**

붕아 떠라따이 연꽃

□ **kaktus** 깍뚜스 선인장

□ **bunga krisan** 붕아 끄리산 국화

Jenis bunga krisan sangat beraneka ragam.
제니스 붕아 끄리산 상앗 버라네까 라감.
국화의 종류도 무척 다양하다.

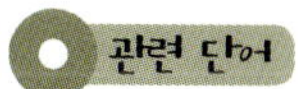

- □ **bunga nari** 붕아 나리 개나리
- □ **peony** 뻬오니 모란
- □ **gulma** 굴마 잡초
- □ **gelagah** 결라가 갈대
  - □ **serbuk sari** 서르북 사리 꽃가루
  - □ **daun bunga** 다운 붕아 꽃잎
  - □ **kuncup bunga** 꾼쭙 붕아 꽃봉오리
  - □ **bahasa bunga** 바하사 붕아 꽃말

sayur 사유르 채소

☐ lobak 로박 무

☐ mentimun
먼띠문 오이

☐ kacang 까짱 콩

☐ bawang bombai
바왕 봄바이 양파

☐ bawang putih
바왕 뿌띠 마늘

☐ daun bawang
다운 바왕 파

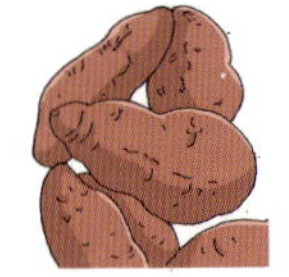

☐ ubi 우비 고구마

☐ kentang 껀땅 감자

☐ wortel 워르뗄 당근

Anda tahu Kuda suka wortel, kan?
안다 따후 꾸다 수까 워르뗄, 깐?
말이 당근 좋아하는 거 알지?

☐ bayam 바얌 시금치

Popay betul suka bayam?
뽀빠이 버뚤 수까 바얌?
뽀빠이는 정말 시금치를 좋아했을까?

□ labu 라부 **호박**

□ paprika 빠브리까 **피망**

□ selada es 슬라다 에스 **양상추**

□ jamur 자무르 **버섯**

□ tomat 또맛 **토마토**

Tomat itu buah atau sayur, hal itu tidak penting.
또맛 이뚜 부아 아따우 사유르, 할 이뚜 띠닥 뻰띵.
토마토가 채소인가 과일인가는 중요하지 않아.

□ cabai 짜바이 **고추**

Cabai kecil ini betul-betul pedas.
짜바이 끄씰 이니 버뚤-버뚤 뻐다스.
작은 고추가 정말 맵네.

관련 단어

- □ sawi putih 사위 뿌띠 **배추**
- □ selada 슬라다 **상추**
- □ taoge kedelai 또게 꺼들라이 **콩나물**
- □ taoge 또게 **숙주나물**
- □ brokoli 브로꼴리 **브로콜리**
- □ terong 떼롱 **가지**
- □ akar teratai 아까르 떠라따이 **연근**
- □ jahe 자헤 **생강**

Unit 09

pemandangan 뻐만당안 풍경

□ danau

다나우 호수

□ air terjun

아이르 떠르준 폭포

□ jurang

주랑 계곡

□ gurun 구룬 고원

□ bukit 부낏 언덕, 구릉

□ gua 구아 동굴

□ sungai 숭아이 강

□ selokan 스로깐 개울

□ tebing 떠빙 절벽

□ lereng gunung

러렝 구눙 비탈

□ hutan 후딴 숲

□ padang rumput

빠당 룸뿟 초원

□ gunung 구눙 산

□ gunung api 구눙 아삐 화산

□ batu 바뚜 바위

□ gurun pasir 구룬 빠시르 사막

□ horizon 호리손 / kaki langit 까끼 랑잇 지평선, 수평선

관련 단어

□ pantai pasir 빤따이 빠시르 백사장

□ lembah 름바 분지

□ timur-barat-selatan-utara 띠무르-바랃-슬라딴-우따라 동서남북

□ utara 우따라 북쪽

□ barat 바랃 서쪽

□ timur 띠무르 동쪽

□ selatan 슬라딴 남쪽

cuaca 쭈아짜 날씨

□ hari cerah 하리 쩌라 /

hari terang 하리 떠랑 맑은날

□ awan 아왈 구름
□ mendung 먼둥 먹구름

□ angin
앙인 바람

□ hujan 후잔 비

□ banjir 반지르 홍수

□ salju 살주 눈

□ pelangi 뻴랑이 /
bianglala 비앙랄라 무지개

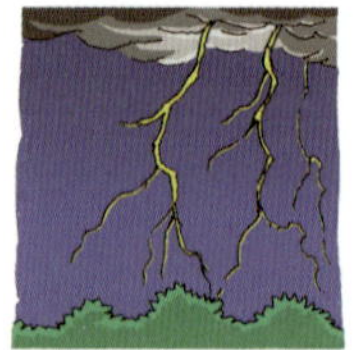

□ kilat 낄랃 번개

□ kabut 까붇 안개

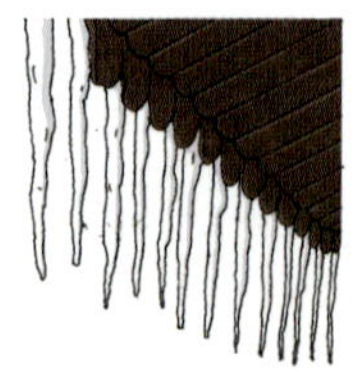

□ tetesan air
yang membeku
떼떼산 아이르 양 멈버꾸 고드름

관련 단어

- ☐ langit 랑잇 하늘
- ☐ hujan salju 후잔 살주 진눈깨비
- ☐ hujan es 후잔 에스 우박
- ☐ hujan deras 후잔 더라스 소나기
- ☐ embun beku 엄분 버꾸 서리
- ☐ es 에스 얼음
- ☐ hujan badai 후잔 바다이 폭풍우
- ☐ guruh 구루 / guntur 군뚜르 천둥
- ☐ kekeringan 꺼꺼링안 가뭄
- ☐ hari berawan 하리버라완 / hari mendung 하리먼둥 흐린날
- ☐ meniup angin 머니웁 앙인 바람이 불다
- ☐ berawan tebal 버라완 뜨발 구름이 많다
- ☐ berkabut 버르까붇 안개가 끼다
- ☐ turun hujan 뚜룬 후잔 비가 내리다
- ☐ turun salju 뚜룬 살주 눈이 내리다
- ☐ lembab 럼밥 습하다
- ☐ kering 꺼링 건조하다

A: Di sekitar danau ini selalu ada kabut.
디 스끼따르 다나우 이니 슬랄루 아다 까붓.
이 호수 주변은 항상 안개가 끼어 있네.

B: Jadi, bila lewat di sini, terasa kedinginan.
자디, 빌라 레왓 디 시니, 떠라사 꺼딩이난.
그래서 그런지 여기를 지나가려면 좀 으스스하더라.

materi 마떼리 물질

□ logam 로감 금속

□ minyak 미냑 기름

□ batu bara 바뚜 바라 석탄

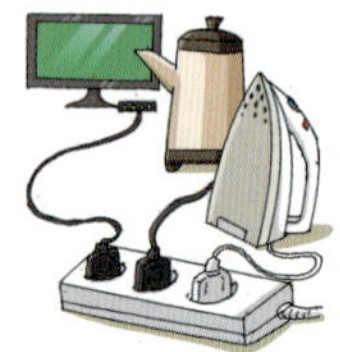

□ listrik 리스뜨릭 전기

Kalau listrik tidak tercipta?
깔라우 리스뜨릭 띠닥 떠르찝따?
전기가 발명되지 않았더라면?

□ tanah 따나 토양

Tanah semakin dicemarkan.
따나 스마낀 디쯔마르깐.
토양은 점점 오염되고 있다.

□ benda 번다 고체

□ cairan 짜이란 액체

□ uap 우압 기체, 증기

□ api 아삐 불

□ sinar 시나르 빛

□ panas 빠나스 열

□ asap 아삽 연기

Pada suatu waktu asap dari cerobong pabrik adalah simbol untuk zaman modern.
빠다 수아뚜 왁뚜 아삽 다리 쩌로봉 빠부릭 아달라 심볼 운뚝 자만 모더른.
한때 공장 굴뚝의 연기는 근대화의 상징이었지.

□ air 아이르 물

Boleh minum air leding secara langsung?
볼레 미눔 아이르 레딩 스짜라 랑숭?
수돗물을 그냥 먹어도 되나요?

관련 단어

- □ emas 으마스 금
- □ perak 뻬락 은
- □ perunggu 뻐룽구 동
- □ besi 베시 철

Unit 12

warna 와르나 색

□ abu-abu 아부-아부 회색

□ hitam 히땀 검은색

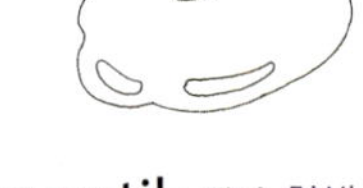

□ putih 뿌띠 흰색

□ merah 메라 빨간색

□ biru 비루 파란색

□ kuning 꾸닝 노란색

□ coklat 쪼끌랏 갈색

□ hijau 히자우 녹색

□ ungu 웅우 보라색

□ warna gading

와르나 가딩 상아색

□ merah muda

메라 무다 분홍색

□ biru tua

비루 뚜아 짙은 청색

□ jingga oranye

징가 오라녀 주황색

□ warna perak

와르나 뻬락 은색

Gedung warna perak itu baru dibangun, ya.

거둥 와르나 뻬락 이뚜 바루 디방운, 야.

저 은색 건물 새로 지었구나.

□ warna krem

와르나 끄렘 베이지색

Bagaimana wanita yang bercelana krem?

바가이마나 와니따 양 버르쯜라나 끄렘?

베이지색 바지 입은 저 여자 어때?

A: Anda menyukai warna apa? / Suka warna apa?

안다 머뉴까이 와르나 아빠? / 수까 와르나 아빠?

무슨 색깔을 좋아하세요?

B: Saya suka warna ungu dan biru. / Warna ungu dan biru saya sukai.

사야 수까 와르나 웅우 단 비루. / 와르나 웅우 단 비루 사야 수까이.

보라색과 파란색을 좋아해요.

galaksi 갈락시 우주

□ matahari

마타하리 해, 태양

□ bulan 불란 달

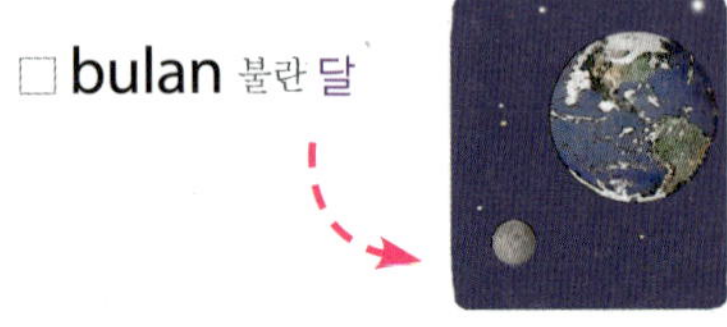

□ bumi 부미 지구

Bagaimana keadaan masa depan bumi?

바가이마나 꺼아다안 마사 드빤 부미?

지구의 미래는 어떻게 될까?

□ planet 쁠라넷

행성, 혹성, 위성

□ komet 꼬멧 유성

□ bintang 빈땅 별

□ bulan sabit

불란 사빗 초승달

□ bulan perempat

불란 뻐럼빳 반달

□ bulan purnama

불란 뿌르나마 보름달

관련 단어

- □ galaksi 갈락시 은하계
- □ tata surya 따따 수르야 태양계
- □ Venus 비누스 금성
- □ Mars 마르스 화성
- □ Komet 꼬멧 혜성

- □ gerhana matahari 거르하나 마따하리 일식
- □ gerhana bulan 거르하나 불란 월식
- □ astronomi 아스뜨로노미 천문학
- □ astronaut 아스뜨로나웃 우주비행사
- □ pesawat angkasa ulang-alik 뻐사왓 앙까사 울랑-알릭 우주왕복선
- □ benda terbang aneh 번다 떠르방 아네 / UFO 우포오 미확인비행물체

A: Benar, ada UFO? Bagaimana pendapat kamu?
버나르, 아다 유에프오? 바가이마나 뻔다빳 까무?
정말 UFO가 있을까? 넌 어떻게 생각해?

B: Mungkin, bisa ada. Kurang tahu.
뭉낀, 비사 아다. 꾸랑 따후.
글쎄, 있을 것 같기도 하고…. 잘 모르겠어.

A: Saya kira ada. Sudah ada beberapa bukti, kan?
사야 끼라 아다. 수다 아다 버버라빠 북띠, 깐?
난 있을 거 같아. 여러 가지 증거들도 있잖아.

bumi 부미 지구

□ darat 다랃 육지

□ lautan 라우딴 대양

□ laut 라욷 바다

□ benua 버누아 / daratan 다라딴 대륙

□ pulau 뿔라우 섬

□ pegunungan 뻐구능안 산맥

□ kutub selatan 꾸뚭 슬라딴 남극

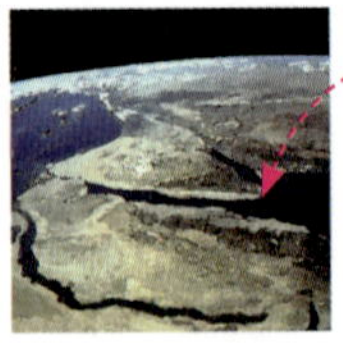

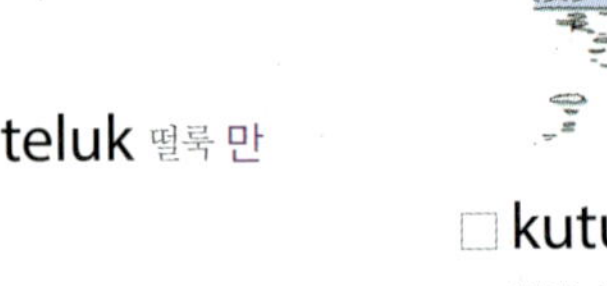

□ teluk 떨룩 만

□ semenanjung 스머난중 / peninsula 뻬닌술라 반도

□ kutub utara 꾸뚭 우따라 북극

□ garis bujur
가리스 부주르 위도

□ garis lintang
가리스 린땅 경도

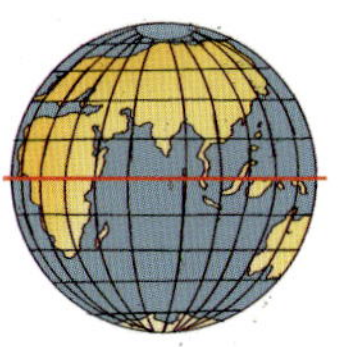

□ khatulistiwa
카뚜리스티와 적도

□ gurun pasir
구룬 빠시르 사막

□ udara 우다라 대기

□ selat 슬랏 해협

A: Terakhir ini telah terjadi bencana alam di beberapa daerah bumi ini. Hal itu sangat serius.
떠르악히르 이니 떨라 떠르자디 번짜나 알람 디 버버라빠 다에라 부미 이니. 할 이뚜 상앗 세리우스.
최근 지구 곳곳에서 천재지변이 발생하잖아. 심각한 일이야.

B: Memang begitu. Cuaca yang tidak normal, banjir, gempa bumi, letusan gunung api, mengerikan betul.
메망 버기뚜. 쭈아짜 양 띠닥 노르말, 반지르, 검빠 부미, 러뚜산 구눙 아삐, 멍어리깐 버뚤.
그러게 말이야. 이상기온, 홍수, 지진, 화산폭발…, 정말 무섭지.

A: Ya, mencemaskan betul masa depan bumi ini.
야, 먼쩌마스깐 버뚤 마사 드빤 부미 이니.
정말 지구의 미래가 걱정된다.

posisi, arah 뽀시시, 아라 위치, 방향

□ luar 루아르 밖

□ dalam 달람 안

Dia mengucapkan selamat jalan di dalam rumah.
디아 멍우짭깐 슬라맛 잘란 디 달람 루마.
그녀는 남편을 집안에서 배웅했다.

□ tengah 뜽아 / pusat 뿌삿 가운데

Anak panah terbang dan terkena pada pusat sasaran.
아낙 빠나 떠르방 단 떠르꺼나 빠다 뿌삿 사사란.
화살이 날아와 과녁 가운데 박혔다.

□ kiri 끼리 왼쪽 □ kanan 까난 오른쪽

□ samping 삼삥 / sebelah 스벌라 옆

Anjing sedang tidur di samping kandangnya.
안징 스당 띠두르 디 삼삥 깐당냐.
개집 옆에서 개가 졸고 있다.

□ depan 드빤 앞

□ belakang 벌라깡 뒤

□ dari rumah sampai (ke) stasiun

다리 루마 삼빠이 (끄) 스따시운 집에서부터 역까지

□ atas 아따스 위

□ bawah 바와 아래, 밑

□ seberang sana

스버랑 사나 건너편

□ antara 안따라 사이

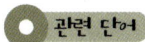

관련 단어

□ dekat 드깟 가깝다 ↔ □ jauh 자우 멀다

□ atas 아따스 위로 ↔ □ bawah 바와 아래로

□ sini 시니 여기

□ sana 사나 저기

□ situ 시뚜 거기

□ mana 마나 어디

Unit 16

lawan kata 라완 까따 반대말

□ besar 버사르 크다 ↔ □ kecil 꺼찔 작다

□ terang 떠랑 밝다 ↔ □ gelap 걸랍 어둡다

□ tinggi 띵기 높다 ↔ □ rendah 른다 낮다

□ tua 뚜아 / lama 라마 낡다 ↔ □ baru 바루 새롭다

Yang lama tidak pasti kurang baik daripada yang baru.
양 라마 띠닥 빠스띠 꾸랑 바익 다리빠다 양 바루.
낡은 것이 새로운 것보다 나쁜 것은 아니다.

□ berat 버랏 무겁다

↔ □ ringan 링안 가볍다

□ gemuk 거묵 뚱뚱하다

↔ □ kurus 꾸루스 마르다

□ luas 루아스 넓다 ↔ □ sempit 슴삗 좁다

□ cepat 쯔빧 빠르다 ↔ □ lambat 람밧 느리다

Kerjanya cepat atau lambat, yang penting ialah masing-masing membereskan tugas sendiri.

꺼르자냐 쯔빧 아따우 람받, 양 뻔띵 이알라 마싱-마싱 멈베르스깐 뚜가스 슨디리.

좀 느리든 빠르든 자기 할 일을 하면 되겠지.

□ baik 바익 좋다 ↔ □ tidak baik 띠닥바익 / jelek 즐렉 나쁘다

1 인간 2 가정 3 수 4 도시 5 교통 6 업무 7 쇼핑 8 스포츠/취미 9 자연

Unit 16 lawan kata ▸▸▸

↔

□ **indah** 인다 아름답다

□ **jelek** 즐렉 추하다

Lihatlah bunga! Yang indah pun nantinya akan menjadi jelek.
리핟라 붕아. 양 인다 뿐 난띠냐 아깐 먼자디 즐렉.
꽃을 봐. 아름다운 것도 언젠가는 추해지는 거야.

↔

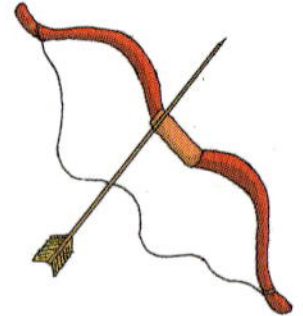

□ **tegang** 뜨강 / **kencang** 껀짱 팽팽하다, 꽉 조이다

□ **kendur** 껀두르 느슨하다

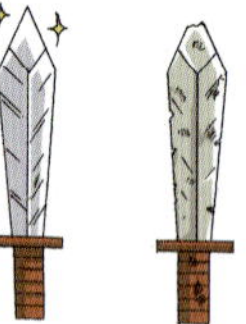

□ **tajam** 따잠 예리하다 ↔ □ **tumpul** 뚬뿔 무디다, 둔하다

↔

□ **bersih** 버르시 깨끗하다

□ **kotor** 꼬또르 더럽다

↔

□ **buka** 부까 열다　　□ **tutup** 뚜뚭 닫다

Mengapa jendelanya ditutup dan dibuka ulang? Merasa repot!
멍아빠 즌들라냐 디뚜뚭 단 디부까 울랑? 머라사 레뽓!
창문을 왜 자꾸 열었다 닫았다 하는 거니? 신경 쓰이게!

↔

□ **kering** 꺼링 마르다, 건조하다　　□ **basah** 바사 젖다 / **lembab** 럼밥 습하다

↔

□ **penuh** 뻐누 가득 차다　　□ **kosong** 꼬송 텅 비다

↔

□ **siang** 시앙 낮　　□ **malam** 말람 밤

Hari ini adalah hari 'Chubun yang panjangnya siang dan malam sama.
하리 이니 아달라 하리 '추분' 양 빤장냐 시앙 단 말람 사마.
오늘은 밤과 낮의 길이가 같은 추분이야.

1 인간 2 가정 3 수 4 도시 5 교통 6 업무 7 쇼핑 8 스포츠/취미 9 자연

☐ rajin 라진 부지런하다 ↔ ☐ malas 말라스 게으르다

☐ kaya 까야 부유하다 ↔ ☐ miskin 미스낀 가난하다

☐ menyerang 머녀랑 공격하다 ↔ ☐ mempertahankan 멈뻐르따한깐 / menjaga 먼자가 / membela 멈벨라 방어하다

Dia punya tombak dan tameng sekaligus.
디아 뿌냐 똠박 단 따멩 스깔리구스.
그는 공격하는 창과 방어하는 방패를 둘 다 가진 사람이다.

☐ sudah kawin 수다 까윈 결혼한 ↔ ☐ belum kawin 벌룸 까윈 미혼의

□ dingin 딩인 춥다 ↔ □ panas 빠나스 덥다

관련 단어

□ tinggi 띵기 키가 크다	↔	□ pendek 뻰덱 키가 작다
□ bahagia 바하기아 행복하다	↔	□ susah 수사 / sengsara 승사라 괴롭다
□ suka 수까 좋아하다	↔	□ tidak suka 띠닥 수까 싫어하다
□ banyak 바냑 많다	↔	□ sedikit 스디낃 적다
□ mewah 메와 화려하다	↔	□ sederhana 스데르하나 소박하다
□ kuat 꾸앗 강하다	↔	□ lemah 르마 약하다
□ mulai 물라이 시작하다	↔	□ selesai 슬러사이 끝나다

A: Kayaknya orang itu susah karena terlalu gemuk.
까야냐 오랑 이뚜 수사 까레나 떠르랄루 거묵.
저 사람 너무 뚱뚱해서 괴롭겠다.

B: Mengapa begitu gemuk, ya?
멍아빠 버기뚜 거묵, 야?
왜 저렇게 살이 많이 쪘을까?

A: Katanya dokter, obesitas penyakit juga.
까따냐 독떠르, 오베시따스 뻐냐낃 주가.
의사들이 하는 말이, 비만도 병이라더라.

나라 이름·수도 이름 및 인구

아시아 Asia 아시아

□ 네팔 Nepal 네빨 □ 카트만두 Kathmandu 까뚜만두	2,474만
□ 대만 Taiwan 따이완 □ 타이베이 Taipei 따이뻬이	2,268만
□ 라오스 Laos 라오스 □ 비엔티안 Vientiane 비엔티안느	560만
□ 레바논 Lebanon 레바논 □ 베이루트 Beirut 베이룻	440만
□ 말레이시아 Malaysia 말라이시아 □ 쿠알라룸푸르 Kuala Lumpur 꾸알라 룸뿌르	2,500만
□ 몽골 Mongolia 몽골리아 □ 울란바토르 Ulan Bator 울란 바또르	250만
□ 미얀마 Myanmar 미얀마르 □ 네피도 Nepido 네삐도	5,217만
□ 방글라데시 Bangladesh 방글라데쉬 □ 다카 Dhaka 더까	1억3,810만
□ 베트남 Vietnam 비에뜨남 □ 하노이 Hanoi 하노이	8,206만
□ 북한 Korea Utara 꼬레아 우따라 □ 평양 Pyonhyang 뾩양	2,250만

국가 / 수도	인구
□ 사우디아라비아 Arab Saudi 아랍 사우디 □ 리야드 Riyadh 리야드	1,990만
□ 스리랑카 Sri Lanka 스리 란까 □ 콜롬보 Kolombo 꼴롬보	1,990만
□ 시리아 Suriah 수리아 □ 다마스쿠스 Damaskus 다마스꾸스	1,820만
□ 싱가포르 Singapura 싱아뿌라 □ 싱가포르 Singapura 싱아뿌라	420만
□ 아프가니스탄 Afghanistan 아프가니스딴 □ 카불 Kabul 까불	2,510만
□ 예멘 Yaman 얌만 □ 시나 Sana 사나	1,970만
□ 우즈베키스탄 Uzbekistan 우즈베끼스딴 □ 타슈켄트 Tashkent 따슈껜뜨	2,560만
□ 이라크 Irak 이락 □ 바그다드 Bagdad 바그닫	2000만
□ 이란 Iran 이란 □ 테헤란 Teheran 때해란	6,800만
□ 이스라엘 Israel 이스라엘 □ 예루살렘 Jerusalem 예루살렘	688만
□ 인도 India 인디아 □ 뉴델리 New Delhi 뉴델리	10억2,700만
□ 인도네시아 Indonesia 인도네시아 □ 자카르타 Jakarta 자까르따	2억1천만

Unit 17 나라 이름 · 수도 이름 및 인구 ▶▶▶

국가 / 수도	인구
□ 일본 Jepang 즈빵 □ 도쿄 Tokyo 또꾜	1억2천만
□ 중국 Cina 찌나 □ 베이징 Beijing 베이찡	12억9천만
□ 카자흐스탄 Kazanstan 까자흐스딴 □ 아스타나 Astana 아스타나	1,490만
□ 캄보디아 Kamboja 깜보쟈 □ 프놈펜 Phnom Penh 프놈뻰	1,300만
□ 태국 Thailand 따이란드 □ 방콕 Bangkok 빵꼭	6,197만
□ 터키 Turki 뜨루끼 □ 앙카라 Ankara 앙까라	6,700만
□ 파키스탄 Pakistan 빠끼스딴 □ 이슬라마바드 Islamabad 이슬라마받	1억4,872만
□ 필리핀 Filipina 휠리삐나 □ 마닐라 Manila 마닐라	8,150만
□ 한국 Korea 꼬레아 □ 서울 Seoul 서울	1,900만

유럽 Eropa 에로빠

국가 / 수도	인구
□ 그리스 Yunani 유나니 □ 아테네 Athena 아떼나	1,094만

	국가/수도	인구
	□ 네덜란드 Belanda 발란다 □ 암스테르담 Amsterdam 암스떼르담	1,620만
	□ 노르웨이 Norwegia 노르웨기아 □ 오슬로 Oslo 오슬로	457만
	□ 덴마크 Denmark 덴마르끄 □ 코펜하겐 Kopenhagen 꼬뻰하겐	540만
	□ 독일 Jerman 저르만 □ 베를린 Berlin 베를린	8,250만
	□ 러시아 Rusia 루시아 □ 모스크바 Moskwa 모스끄와	1억4,350만
	□ 루마니아 Rumania 루마니아 □ 부쿠레슈티 Bukares 부까레스	2,190만
	□ 룩셈부르크 Luksemburg 룩셈부륵 □ 룩셈부르크 Luksemburg 룩셈부륵	45만
	□ 벨기에 Belgia 벨기아 □ 브뤼셀 Brussel 부르셀	1,030만
	□ 스웨덴 Swedia 스웨디아 □ 스톡홀름 Stokholm 스똑홀름	901만
	□ 스위스 Swiss 스위스 □ 베른 Bern 베른	739만
	□ 스페인 Spanyol 스빠뇰 □ 마드리드 Madrid 마드릳	4,269만
	□ 아일랜드 Irlandia 이르렌디아 □ 더블린 Dublin 두블린	392만

□ 영국 Inggris 잉그리스 □ 런던 London 론돈	5,923만
□ 오스트리아 Austria 오스뜨리아 □ 빈 Wina 비나	810만
□ 우크라이나 Ukraina 우끄라이나 □ 키예프 Kief 끼예프	4,660만
□ 이탈리아 Italia 이딸리아 □ 로마 Roma 로마	5,700만
□ 체코 Cheska 쩨스카 □ 프라하 Praha 쁘라하	1,000만
□ 포르투갈 Portugal 뽀루뚜갈 □ 리스본 Lisbon 리스본	1,053만
□ 폴란드 Polandia 폴란디아 □ 바르샤바 Warsawa 와르사와	3,830만
□ 프랑스 Prancis 쁘란찌스 □ 파리 Paris 빠리스	6,168만
□ 핀란드 Filandia 휠란디아 □ 헬싱키 Helsinki 헬싱끼	524만
□ 헝가리 Hongaria 홍가리아 □ 부다페스트 Budapest 부다뻬스뜨	1,009만

아프리카 Afrika 아후리까

국가 / 수도	인구
□ 가나 Ghana 가나 □ 아크라 Akra 아끄라	2,090만
□ 나이지리아 Nigeria 니게리아 □ 아부자 Abuja 아부자	1억3500만
□ 남아프리카공화국 Afrika Selatan 아후리까 슬라딴 □ 프리토리아 Pretoria 쁘레또리아	4,483만
□ 모로코 Maroko 마로꼬 □ 라바트 Rabat 라바뜨	3,008만
□ 수단 Sudan 수단 □ 하르툼 Khartum 까르뚬	3,361만
□ 알제리 Aljazair 알자자이르 □ 알제 Aljir 알지르	3,180만
□ 에티오피아 Etiopia 에띠오삐아 □ 아디스아바바 Addis Ababa 아디스 아바바	7,000만
□ 우간다 Uganda 우간다 □ 캄팔라 Kampala 깜빨라	2,590만
□ 이집트 Mesir 머시르 □ 카이로 Kairo 까이로	6,920만
□ 케냐 Kenya 께냐 □ 나이로비 Nairobi 나이로비	3,240만
□ 탄자니아 Tanzania 딴자니아 □ 도도마 Dodoma 도도마	3,520만

오세아니아 Oseania 오세아니아

국가 / 수도	인구
□ 뉴질랜드 Slandia Baru 슬란디아 바루 □ 웰링턴 Wellington 웰링똔	403만
□ 호주 Australia 아우스뜨랄리아 □ 캔버라 Canberra 깐베라	1,900만

아메리카 Amerika 아메리까

국가 / 수도	인구
□ 멕시코 Meksiko 멕시꼬 □ 멕시코시티 Meksiko city 멕시꼬시띠	1억350만
□ 미국 Amerika Serikat 아메리까 스리깓 □ 워싱턴 Wasington, DC 와싱똔, 데세	3억1백만
□ 베네수엘라 Benezuela 베네주엘라 □ 카라카스 Karakas 까라까스	2,500만
□ 브라질 Brasil 브라실 □ 브라질리아 Brasilia 브라실리아	1억8천만
□ 아르헨티나 Argentina 아르겐띠나 □ 부에노스아이레스 Buenos Aires 부에노스 아이레스	3,810만
□ 칠레 Cile 찔레 □ 산티아고 Santiago 산띠아고	1,596만
□ 캐나다 Kanada 까나다 □ 오타와 Ottawa 오따와	3,000만

	□ 콜롬비아 Kolombia 꼴롬비아 □ 보고타 Bogota 보고따	4,400만
	□ 쿠바 Kuva 꾸바 □ 아바나 Havana 하바나	1,100만
	□ 페루 Peru 뻬루 □ 리마 Lima 리마	2,700만

관련 단어

- □ dunia 두니아 세계
- □ negara 느가라 나라, 국가
- □ ibu kota 이부 꼬따 수도
- □ kota 꼬따 도시
- □ budaya 부다야 / kebudayaan 꺼부다야안 문화
- □ penduduk 뻔두둑 인구
- □ desa 데사 마을
- □ kampung halaman 깜뿡 할라만 고향
- □ rakyat 라햔 국민
- □ negara merdeka 너가라 머르데까 독립국
- □ republik 레뿌블릭 공화국
- □ kerajaan 꺼라자안 왕국
- □ negara maju 메가라 마주 선진국
- □ negara berkembang 느가라 버르껌방 개발도상국
- □ negara terbelakang 느가라 떠르벌라깡 후진국

연습문제

Self Test

1 다음 단어를 우리말 혹은 인도네시아어로 옮기시오.

a) 얼룩말 ________ 코끼리 ________ 뱀 ________
호랑이 ________ 사슴 ________

b) 백조 ________ walet ________ 독수리 ________
부엉이 ________ Burung bangau ________

2 다음 그림을 인도네시아어와 연결시키세요.

kunang-kunang　laba-laba　kupu-kupu　belalang　capung

3 다음 보기에서 인도네시아어를 골라 넣으세요.

a) tuna　salmon　udang　ikan hiu　ikan kerper　paus
b) stroberi　walnut　jeruk　kismis　kacang tanah
buah persik
c) cemara　bambu　pohon ek　biji　kuncup　daun
d) bunga violet　anggrek　bunga teratai
bunga matahari　dandelion

a) 참치 ________ 새우 ________ 연어 ________

잉어 __________ 상어 __________ 고래 __________

b) 호두 __________ 오렌지 __________ 딸기 __________
복숭아 __________ 땅콩 __________ 건포도 __________

c) 잎 __________ 싹 __________ 씨앗 __________
떡갈나무 __________ 대나무 __________ 소나무 __________

d) 해바라기 __________ 민들레 __________ 제비꽃 __________
난초 __________ 연꽃 __________

4 다음 그림을 인도네시아어와 연결시키세요.

wortel　mentimun　cabai　jamur　bawang putih

5 다음 단어를 우리말 혹은 인도네시아어로 옮기시오.

a) 호수 __________ 언덕 __________ tebing __________
숲 __________ batu __________ 북쪽 __________

b) 눈 __________ awan __________ 하늘 __________
angin __________ 얼음 __________ 비 __________

c) 기름 ________ listrik ________ 불 ________
빛 ________ air ________ 소리 ________

d) 회색 ________ kuning ________ 갈색 ________
녹색 ________ warna gading ________

e) 해 ________ bumi ________ 달 ________
보름달 ________ 별 ________ galaksi ________

f) 섬 ________ 육지 ________ gurun pasir ______
해협 ________ daratan ________ laut ________

6 다음 빈칸에 적당한 인도네시아어를 넣으세요.

a) ________Ayo, Keluar! 밖으로 나가자.

b) ________ rumah ________ stasiun

집에서부터 역까지

c) di ________ laut 바다 밑에서

7 다음 빈칸에 적당한 인도네시아어나 우리말을 넣으세요.

a) besar 크다 – (   ) 작다

terang (   ) – (   ) 어둡다

b) (   ) 넓다 – sempit (   )

bahagia 행복하다 – (   ) 괴롭다

c) (   ) 깨끗하다 – (   ) 더럽다

kaya 부유하다 – (   ) 가난하다

8 다음을 우리말로 바꾸세요.

a) Thailand ________ Jepang ________

Australia ________ Cina ________

India ________ Turki ________

b) Amerika Serikat ________

Inggris ________ Jerman ________

Italia ________ Prancis ________

c) dunia ________ ibu kota ________

budaya ________ rakyat ________

negara ________ desa ________

1 a) kuda zebra gajah ular harimau rusa
b) angsa 제비 rajawali burung hantu 학

2 거미–laba–laba 잠자리–capung 나비–kupu–kupu
메뚜기–belalang 개똥벌레–kunang–kunang

3 a) tuna udang salmon ikan kerper ikan hiu paus
b) walnut jeruk stroberi buah persik kacang tanah kismis
c) daun kuncup biji pohon ek bambu cemara
d) bunga matahari dandelion bunga violet anggrek bunga teratai

4 오이–mentimun 마늘–bawang putih 당근–wortel 버섯–jamur 고추–cabai

5 a) danau bukit 절벽 hutan 바위 utara
b) salju 구름 langit 바람 es hujan
c) minyak 전기 api sinar 물 suara
d) abu–abu 노란색 coklat hijau 상아색
e) matahari 지구 bulan bulan purnama bintang 은하계
f) pulau darat 사막 selat 대륙 바다

6 a) luar b) dari, sampai c) bawah

7 a) kecil, 밝다–gelap b) luas–좁다, susah
c) bersih–kotor, miskin

8 a) 태국 일본 호주 중국 인도 터키
b) 미국 영국 독일 이탈리아 프랑스
c) 세계 수도 문화 국민 나라 마을

Index

한글 색인

인도네시아어 색인

- Theme 9 의 unit 17 나라 이름 · 수도 이름과 Dialog 부분 등은 색인에서 제외하였습니다.
- 인도네시아어 색인의 경우 문법적인 요소들을 제외한 핵심이를 기준으로 삼았습니다.

한글 색인

수

ㄴ

ㄷ

한글 색인
인도네시아어 색인

한글 색인
인도네시아어 색인

ㅂ

한글 색인

인도네시아어 색인

ㅅ

한글 색인

인도네시아어 색인

한글 색인

인도네시아어 색인

ㅇ

ㅈ

한글 색인
인도네시아어 색인

ㅊ

한글 색인
인도네시아어 색인

ㅋ

ㅌ

한글 색인

인도네시아어 색인

ㅍ

ㅎ

인도네시아어 색인

A

B

한글 색인

인도네시아어 색인

D

G

I

L

N

O

P

R

T

한 번만 봐도 기억에 남는
테마별 회화 인도네시아단어 2300

초판 7쇄 발행 | 2023년 5월 15일

엮은이 | 임영호
편 집 | 이말숙
디자인 | 이재민
그린이 | 황종익
펴낸이 | 박영진
제 작 | 선경프린테크

펴낸곳 | Vitamin Book
등 록 | 제318-2004-00072호
주 소 | 07251 서울특별시 영등포구 영신로 40길 18 윤성빌딩 405호
전 화 | 02) 2677-1064
팩 스 | 02) 2677-1026
이메일 | vitaminbooks@naver.com
웹하드 | ID vitaminbook PW vitamin

ISBN 978-89-92683-57-9 (13730)

웹하드에서 mp3 파일 다운 받는 방법

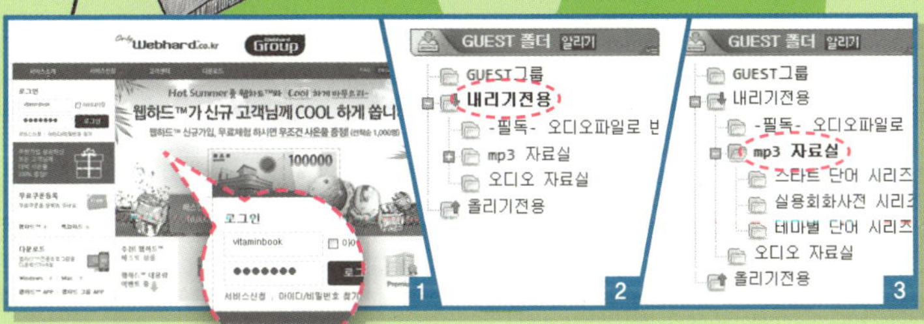

다운 방법

STEP 01
웹하드 (www.webhard.co.kr) 에 접속
아이디 (vitaminbook) 비밀번호 (vitamin) 로그인 클릭

STEP 02
내리기전용 클릭

STEP 03
Mp3 자료실 클릭

STEP 04
테마별 회화 인도네시아단어 2300 클릭하여 다운